태어나기는했지만

김영신

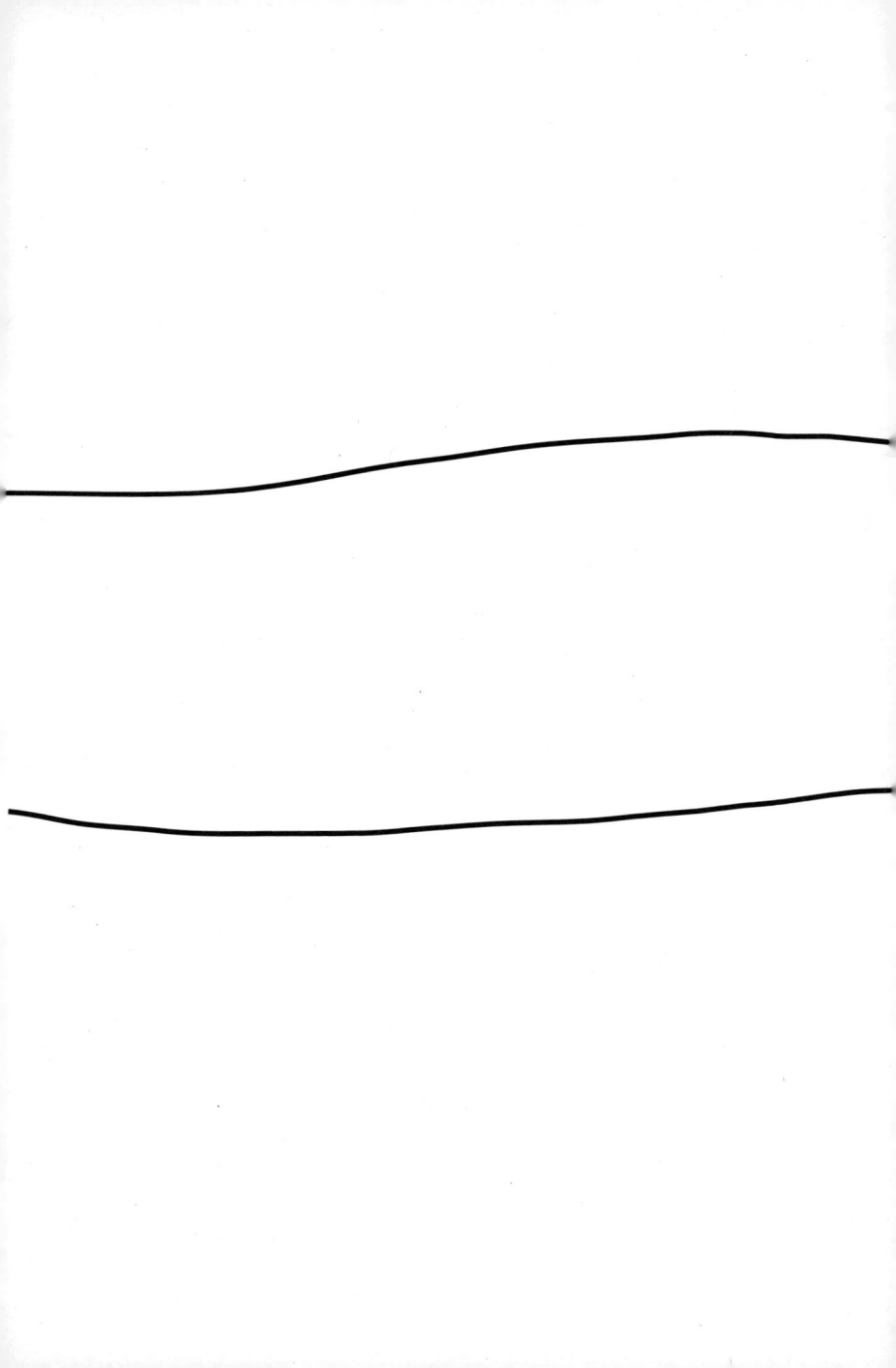

내 눈썹 위로 곡선을 그리다 말고 할머니가 말하기를,

떼도 안 쓰고 울지도 않는 것이 종일 잠만 자더랬다.

가진 글기술이 없다. 내용이 빈궁하고 문장이 불안정한 것을 안다. 당신을 오래 붙잡을 수 없는 실력임을 나도 안다. 단지 쓰고 싶었고 써야 했던 것을 노력해서 썼다. 읽혔으면 좋겠다가도 안 읽혔으면 좋겠다. 책의 어떤 글들은 처음에 유서였다. 그러나 다시 쓰고 고칠 때, 나는 죽고 싶지 않았다. 말미에는 죽도록 살고자 했다. 그래서 책으로 내게 되었다. 당신도 내 경험을 경험해 봤으면 해서.

응원한다.

봄, 오후, 영신

차례

1   김해김   ~   007

2   노랑   ~   029

3   물   ~   049

4   부유   ~   072

5   와락   ~   109

6   태어나기는했지만   ~   130

7   그리고   ~   156

     끝은시작

김해감

김해김

 엄마는 나와 성이 같다. 정확히는 새엄마.
 새엄마는 나의 헌 엄마보다 더 엄마다. 함께한 시간이 비교조차 안 된다.
 새엄마라는 말 누가 만들었을까, 언제부터 생긴 걸까. 그들도 새 아들, 새 딸이라는 말을 쓸까. 참 얄궂은 말이다.

 안 닮았기에, 설명을 생략하고자 할 때 빼고는 새엄마라고 불러본 적이 없다.

 동네 삼겹살집에서 아빠가 내 앞에 앉은 아줌마를 '새'엄마가 될 사람이라고 했다. 바깥에 눈이 내리고 있었다. 나는 아무 말도 하지 않고 그저 창밖과 불판을 번갈아 보다가 또 고개를 푹 숙이고는 눈을 비빌 뿐이었다. 이번에도 이 불편한 식사가 어서 끝나기만을 바랐다.

 말랐구나. 침묵을 깨며 아줌마가 내게 건넨 첫 말이었다. 다소 차가웠던 그 말에서 이상하게 편안함을 느꼈다. 할 수 있다면 이 사람 앞에서는 굶주린 채 있고 싶었다. 하지만 아줌마는 내 앞접시에 고기가 떨어질 때마다 새로운 고기를 놓아 나를 배부르게 만들었다.

밥값을 낸 건 아줌마였다. 만 원짜리 몇 장을 내 손에 쥐여주며, 다시 일하러 가 봐야 하니 오늘은 이만 헤어지고 다음에 더 같이 있자고 말했다. 마지막에야 자세히 본 아줌마는 평범한 얼굴에 평범한 옷차림이었다.
여태 아빠와 나를 떠난 여자들은 모두 화려한 얼굴이었다. 아주 잠깐 이 아줌마는 나를 떠나지 않을 수도 있겠다고 생각했다.

그날 명칭 말고는 아줌마는 내게 '새' 것이 하나도 없었다. 이전에도 엄마였던 것처럼 포근하고 가까웠다. 긴 말을 주고받지 않았는데도 나를 보는 눈빛이나 몸짓에서 이미 내 엄마가 될 준비를 했다고 느꼈다.
꽤 오래전부터.

이어진 우리의 생활은 그리 훌륭하지 못했다. 막 사춘기에 들어선 나에게 가족의 변화란 그저 나쁜 짓을 하며 밤늦게까지 돌아다니기 좋은 이유였다. 새엄마 또한 늘어난 식구를 맞이하여 전보다 일을 더 해야 했다. 누군가 새엄마, 새 아들을 위한 안내서도 만들어놓지 않아 둘은 각자 방황했다.

 삼 년이 지났을 때 새엄마는 등이 조금 굽어서는 텔레비전을 틀어놓고 잠드는 밤이 많았다. 애국가가 흘러나오는 텔레비전 앞에 여자는 서늘한 숨소릴 냈다.
 가여웠다. 새엄마는 아빠가 벌인 사업의 실패로 그간 모은 돈을 전부 잃고도 나를 대학에 보내려고 다시 돈을 벌었다. 평일에도 주말에도 매일 궂은일로, 남의 행복을 위해 불행히.

 나는 여느 아들처럼 투정을 부리지 않았다. 애교를 부리지도 용돈을 타가지도 않았고, 배고파하지도 않았다. 엄마의 품을 요하는 행동을 거의 하지 않았다. 특히 사랑한다는 말을. 아무리 갈증이 나도 그것만은 도저히 못 했다. 정말 표현하고 싶어서 목까지 솟구칠 때는 엄마 고마워요.라고 했다.
 사실 고맙다는 말은 미안하다는 말이었다. 고맙다는 말속에 숨은 미안한 마음을 들여봐 주길 기다렸다. 부디 진심을 알아차려 나를 가여워하길, 오늘도 내일도 언제나 나를 미워하지 않기를 바랐다.

한편으론 언제든 아빠와 나를 떠나도 이해할 수 있었다. 그건 슬퍼도 어쩔 수 없다고 생각했다. 아빠가 술에 취해 들어와 온갖 심한 말로 그녀의 속을 상하게 할 때면 생각은 더욱 강해졌다.
아니, 늘 이때쯤에는 다들 떠났으니까 이번에는 미리 마음의 준비를 할 뿐이었다. 좋은 사람이니까 더 단단히.

새엄마는 떠나지 않았다. 그리고 한 번도 울음을 내지 않았다. 더 이상 술에 취한 아빠를 봐도 꿈쩍 안 했다. 힘을 비축해 오로지 그를 재우는 데 쓰려는 듯했다. 남편이 코를 골며 잠든 걸 확인하고 나서야 이번에는 한쪽 구석에 웅크린 나에게 왔다. 머리맡에 앉은 새엄마는 나를 말없이 바라보다가 이내 떠났다. 나는 그 시선이 느껴지지 않을 때야 잠에 들었다. 마치 내게 고요를 되찾아 주려는 듯이, 소동이 있는 날은 반드시 그랬다.

사람 사이 시간이 녹아들면 반드시 끈적한 것이 달라붙는다던가. 그것은 아마도 정이다. 새엄마와 나는 너무나도 정교하게 달라붙었다. 새엄마는 '엄마 안내서'도 없이 엄마가 되었다.

그녀는 늘 무언가로 들끓는 내 마음을 들여다보는 망원경이기도 했다. 때로는 친구였고, 허기를 달래주는 아침이었다가 고요를 찾아주는 새벽이 되고는 했다. 언제부턴가 내 머리맡에 오지 않는 여자였다.

평범한 여자는 눈이 내리던 날, 외로운 남자와 그 아들의 일상에 기꺼이 개입했다. 그 순간부터 지금까지 걷는 듯 천천히 끌어안아 결국 나를 버리지 않은 첫 번째 '엄마'가 되었다.

효정

 태수는 입버릇처럼 말했다. 영신이 네가 부러워, 나도 누나가 있으면 좋았을걸. 그럴 때마다 난감한 표정을 짓거나 못 들은 척을 했다.

 이 학교에 전학 온 건 누나 때문이었다. 누나는 중학교 입학 후 첫 여름방학에 가출했다. 이번에도 며칠 있으면 들어오겠거니 했지만 그대로 돌아오지 않았다. 그 바람에 우리는 한참을 못 보고 살았다. 어쩌다 누나의 소식을 듣는 건 친구들 사이에서였다. 그들 입에 오르는 누나의 이름이 낯설었지만 또래에서는 이미 익숙한 이름이었다.

 옆 중학교에서 전학 온 지 한 학기가 됐을 때, 아빠가 다시 전학을 가야 할 것 같다고 했다. 이런저런 이유를 뒤이어 말했지만 하나도 들리지 않았다. 초등학교 때부터 이미 여러 번 전학을 다닌 나였다.
 모든 사이를 벌리는 전학이 싫었다. 환경, 친구, 진도, 심지어는 나 자신과도 간격이 생겼다. 그 거리감을 느끼면서 나는 차츰 조용해졌다. 반대로 들러붙는 게 딱 하나 있었는데 그건 텃새였다.

 사정을 이야기했지만 아빠는 어쩔 수 없다고 했다. 그러면 누나가 다녔던 학교로 보내달라고 부탁했다. 짐작과 달리 아빠가 들어주었다.

 첫날, 보통은 첫 교시가 끝나는 종소리로 텃새가 시작된다. 여느 때처럼 종소리가 다 끝나기도 전에 운동화로 갈아신고 선배들을 기다렸다.
 어쩐 일로 아무도 나를 찾으러 오지 않았다. 처음으로 낯설고 평화로운 전학을 맞이했다. 누나의 이름 덕분인가 싶었다.

 친해지고 싶은 아이들이 있었다. 어딜 가나 우르르 몰려다니며 함께 웃고 하루 종일 떠드는 모습이 좋았다. 얼굴엔 온통 즐거움뿐인 그 녀석들과 장난치고 웃고 싶었다.

 반 아이들이 나를 외계인 보듯 멀리서 신기해만 하는 통에 쉬는 시간마다 혼자 있었다. 엎드려 자는 척이라도 하는데 누군가 말을 걸었다. 내 자는 연기에 정말 속은 건지 몇 번이나 흔드는 바람에 드디어 텃세가 시작되나 보다 하고 웅크린 몸을 폈는데, 별안간 그 애들이 서 있었다.

녀석들은 전학생에게 꽤 친절했다. 점심시간에 같이 줄을 서주고, 가장 무서운 선생님과 인사를 꼭 해야 하는 선배를 차례로 알려주었다. 그 대가로 모든 반을 돌아다니며 키를 쟀고 힘 좀 쓴다는 아이들의 팔씨름 상대가 되었다.

봄이 끝나기 전에 나는 그들 무리에 들어갔다.

단축수업으로 학교가 일찍 끝난 날, 그날은 빗발이 굵었다. 약속이라도 한 듯 녀석들이 나 혼자만 교문에 두고 폐가로 갔다. 그들이 왜 거기에 가는지 알고 있었다. 일부러 우산을 쓰지 않고 기다렸다.

한 시간이 채 안 돼 돌아온 그들의 교복은 마치 물에 빤 걸레 같았다. 다시는 웃지 않으려는 삐쭉한 얼굴들이 그들 옷과 비슷하게 불쌍했다. 그런 날이 점점 많아졌다. 보통은 달에 한 번이었지만 일주일에 한 번일 때도 있었다. 그때마다 나는 거기 없었다. 내가 폐가에 가는 걸 누나의 이름이 막고 있었다.

그들과 웃고 있는데도 마음이 점점 무거웠다. 다시 혼자가 된 기분이었다. 딱히 질투하진 않았어도 나를 보는 그들의 눈에는 가끔 적의가 섞여 있었다.

 그들의 교복이 또 더럽혀져서 돌아온 날, 곧 혼자가 될 것만 같았다. 누나의 이름이 떠오르자 약간의 분노를 느꼈다.
 아무래도 이상한 일이었다. 누나와 나는 한집에 살지도 않고, 서로 어떻게 지내는지도 모르는 남이나 다름없지 않은가. 과연 이런 호사를 내가 누려도 되는 걸까. 그런 자격이 나에게 있을까.
 결국 이 학년 여름방학부터는 나도 폐가에 가는 걸 택했다. 친구들에게 버림받고 싶지 않은 것이 이유였다. 그뿐이었다. 선배들은 그간 벼른 건지, 시도 때도 없이 나를 불러냈다. 하루에 두 번씩 부른 날은 먹은 점심을 모두 토하기도 했다. 친구들이 겪은 지난 일 년을 한 달 만에 몰아 주려는가 싶었다.
 누구의 동생이라는 꼬리표가 떼지자 많은 것이 바뀌었다. 폐가는 점점 집처럼 편안해져 나중엔 그곳에 가는 게 하나도 무섭지 않았고 친구들과도 더 가까워졌다. 기뻤다. 명치에 걸린 체증이 내려가고 그제야 친구들의 눈에서 아무것도 느끼지 않았다.
 누나의 이름 덕을 보려고 이 학교에 와 놓고는 나를

지켜주던 이름을 지웠다. 누나에게 미안한 마음은 없었다. 내게 더 필요한 건 친구였으니까.

한 번도 누나가 떼어진 삶을 생각해 본 적 없었다. 막상 누나의 이름을 지우고 나니 여름방학이 뜨겁게 지나간 것 말곤 내 삶에 달라진 건 없었다.

누나

 달력은 가을을 향하는데 날씨는 도무지 선선해질 기미가 없었다. 그 무렵, 이따금 밥을 사준다며 누나가 나를 읍내로 불렀다. 폐가에 다녀온 날이면 더욱 그랬다. 귀신같았다. 그럴 때마다 아프다는 거짓말 아닌 거짓말을 했다. 너무 피하는 것이 혹시 의심을 사는가 싶어 얼굴이라도 멀쩡한 날엔 부름에 응했다. 어딘가에 멍 자국이 있을지 몰라 긴소매와 긴바지를 챙겨 입었다. 푹푹 찌는 날이어도 그랬다. 안 그래도 어색한 누나를 만나는 날은 더 긴장했다.

 장소는 늘 경양식 돈가스를 파는 쉘부르였다. 유난히 가파른 계단을 다 오르기도 전에 등은 축축하게 젖었다. 가팔라서 그런 거라 혼자 말하곤 유리로 된 문을 열었다. 누나는 꼭 가게 주인처럼 제일 큰 테이블에 느긋하게 앉아 있었다.
 왜 이렇게 땀을 흘려.
 인사는 거의 이런 식이었다. 왜 이렇게 늦게 와, 왜 이렇게 까매, 왜 이렇게 말랐어.
 고개를 숙이는 것이 내 인사였다. 누나에게 반말은 했

지만 모든 행동에 예의를 갖췄다. 아, 누나에게는 정말로 아우라가 있었다.

자리에 앉으면 거의 동시에 음식이 나왔고 매번 돈가스 정식 하나였다. 누나는 먹지 않았다. 나는 땀이 채 식기도 전에 돈가스부터 썰었다. 어색한 분위기를 이기지 못해 빨리 손 둘 곳을 찾은 것이다. 그런 내게 누나는 분주히도 질문했다. 누나가 말을 걸면 난 항상 얼굴이 발그레해져선 느림보처럼 말했다. 거의 얼버무리는 수준으로 앞뒤가 안 맞는 문장을 말해대서 누나는 자주 얼굴을 찌푸렸다. 그래서 처음 몇 마디 주고받은 후로는 별로 말을 안 걸었다. 멀어지는 누나의 관심이 느껴지면 그제야 입안의 음식을 씹었다. 한 번도 긴팔에 대해서 의문을 품지 않은 것은 다행이었다.

누나의 옆자리에는 항상 종이 가방이 놓여있었다. 대부분 옷이었다. 당시 또래에서 유행하던 잭 니클라우스, 아놀드 파머, 폴로 같은 메이커의 조끼와 카디건이었다.
전학생은 기죽으면 안 돼 교복 셔츠 위에 꼭 껴입어, 더워도 입어.
누나는 이렇게 말했다.

나는 그 말을 '가난하다는 걸 들키지 마, 너의 약점을 이 갑옷으로 가려'로 들었다.

정말로 이걸 입어서 부자가 되고 강해진다면 얼마나 좋을지 생각했다.

누나도 어려서부터 전학을 많이 다녔다. 부모의 이른 이혼으로 누나에게는 사춘기가 일찍 찾아왔다. 그때 어른들은 누나를 돌보지 못했다. 누나는 집에서 달아나 혼자서 자라기로 했다.

누나와 다시 연락이 닿았을 때, 마침 내게도 사춘기가 왔다. 그걸 아는지 누나는 내가 혼자서 자라지 못하게 하려는 듯했다. 어느새 나를 돌보려는 어른이 되어 있었다. 이제 누나의 얼굴에 나를 못살게 굴던 악랄함은 없고, 얼마나 긴 터널을 지나왔는지 모를 고단함만이 있었다.

늘 밥 한 끼 사주고 떠났다. 끝에는 잘 지내줘서 고맙다는 말과 아빠한테 잘하라는 말을 꼭 남겼다. 누나는 열아홉이었다.

매일 교복 위에 누나가 사준 옷들을 껴입고 학교에 갔다. 졸업하는 날까지 몇 계절이었다. 폐가에 갈 때도 입었다.

 누나를 부둥켜안은 채 맞았다. 조끼와 카디건은 정말 갑옷처럼 고통을 막아주는 것 같았다. 가난도 들키지 않았다. 친구들은 옷을 보고 부러워하며 내가 잘 사는 줄로 알았다. 모두 누나가 말한 대로 됐지만 옷을 입을 때마다 느껴지는 서러운 기분은 어디 둬야 하는지 알 수 없었다.

 그런 날은 문자를 썼다,

 '내가 필요한 건 이런 게 아니야. 누나가 나랑 살아주면 돼. 누나랑 같이 살면, 어디서든 누나 이름이 나와도 내 마음이 더는 이상해지지 않을 거야, 누나 나랑 살아주라.'

 지웠다.

연기

할머닌 앓는 소릴 낸다
할아버지는 옆으로 누워 굽은 채 조용하다
누나는 카세트를 듣는다
지금은 집이 아늑하다

아빠가 오고 있다
아마 술에 취해 있을 거고 화가 나 있을 것이다
울 수도 있다
이유는 모른다
이 어른은 계속 그랬으니까
우리 넷은 긴장한다

그때부터 자는 척을 했다
어떻게 해야 진짜 같은지는
정말로 나의 관심사였다

이 집에서 내 자는 척에 속은 건 나뿐이었다

근태

 그의 꿈은 항해사였다. 꿈을 펼치기도 전에 딸이 태어났다. 당장 일을 해야 했지만 바다를 먼저 떠올렸다. 어린 여자가 엄마 노릇을 몇 년만 해준다면 그 후로는 바다가 가족을 거둬줄 거라고 그는 믿었다.
 이듬해 군산으로 내려가 해양 학교에 다녔다. 가끔은 딸이 그리워 하숙방을 울음으로 채웠지만 대부분 두꺼운 마음으로 버텼다.

 근태는 졸업 후 바라던 대로 항해사가 되었다. 태평양과 대서양을 오가며 남미에서 유럽으로, 다시 아시아로 곡식을 실어 나르는 화물선에 오를 예정이었다. 드디어 돈을 벌 수 있다는 소식에 그의 마음은 크게 부풀었다.
 떠나는 날 군산항에는 저마다의 가족들이 마중 나왔다. 인파 속엔 손을 흔드는 효정과 효정의 남동생이 엄마 품에 안겨 있었다.

 북태평양의 파도는 활기차고 포악했으며 가끔은 미치도록 잔잔했다. 그것을 매일 보는 것이 그의 일이었다. 시선을 수평선에 두어도 보이는 것은 그저 아는 얼굴뿐이었다. 그가 그리워하는 것들이 파도 위로 둥둥 떠다녔다. 그는 조타실에서 점점 눈꺼풀을 닫게 되었다. 그의 마음이 아무리 시끄러운들 바다에는 아무 일도 일지 않아서, 근태는 정말로 세상이 멈춘 거로 생각했다.

한 번 정박하는 데에는 몇 달이 걸렸다. 이윽고 도착한 항만에서는 까다로운 절차가 뒤따랐다. 그 나라의 검시관들이 무역품에는 문제가 없는지 혹시 밀수품을 나르진 않았는지를 꼼꼼히 둘러본 후에야 그다음 일들이 이어졌다. 사람의 손을 타는지라 몇 톤이 넘는 양을 옮기는 데에는 한 달이고 두 달이고 배가 비워질 때까지 마냥 기다려야 했다.

근태는 어느 나라에 닿건 옷 가게부터 들렀다. 손바닥만 한 옷을 하나 집었다가도 키가 조금 더 자랐을 영신을 생각하며 결국은 품이 넉넉한 옷들만 골라 하나씩 모아두었다. 비록 영신이 일 년에 한 번 보는 근태를 아빠라고 생각 못 할지라도 설레고 기쁜 마음으로 한 달, 두 달 그리고 일 년을 버텼다.

근태가 전화를 받은 건 브라질이었다. 은자가, 효정과

영신을 두고 집을 나갔다고 친구에게 연락이 왔다. 대포 같은 것이 몸 한가운데를 뚫고 지나간 듯 공허했다. 얼핏 꿈이 아닐까도 생각했지만 어쩐지 곧바로 머리가 말짱해졌다. 서둘러 한국에 들어가야 한다는 생각뿐이었다.

 한국으로 가는 비행편을 구하는 건 여의찮았다. 몇 주를 더 머물러 겨우 구한 비행기표는 세 나라를 경유하는 여정이었다.
 짐을 꾸려 공항에 가는 길에 잠시 항구에 들렀다. 그가 타고 온 배는 아직 밧줄에 묶여 있었다. 갑판에 올라 텅 빈 시선을 수평선에 던졌다. 언젠가 태평양에서처럼 효정과 영신이 파도 위에 둥둥 떠 있었다. 바다는 근태를 동정하지 않았다. 배를 탄 것을 크게 후회하는 순간이었다.

 한국으로 들어와 가장 먼저 한 일은 영신을 데리고 목욕탕에 간 것이다. 거기서 근태는 많이 울었다. 영신을 씻기며 그동안 참아온 울음을 목욕물과 함께 쏟았다. 태평양 한가운데서도 이만큼 높았던 파도는 없었다.

그는 바다로 돌아가지 않았다. 땅에서 효정과 영신을 먹이고 재워야 했다. 엄마가 없어 저러느냐는 소릴 듣지 않게 하려고 최선으로 모질게 살았다.

근태는 스물일곱에 배에서 내렸다. 새벽에 나가 밤늦게 들어온 그는 술에 취해야 잠에 들었고, 잠꼬대는 알아들을 수 없는 뱃사람들의 용어였다.

군산. 다 왔다 아빠.
이정표를 보고 내가 말하자 아빠가 이야기를 멈췄다. 여기까지 오는 데 두 시간이 조금 넘게 걸렸다. 왠지 나는 삼십오 년이 걸린 것도 같았다.
말없이 무언가에 잠긴 근태를 보고는, 애처로운 사람이라고 영신은 생각했다.

영신

그 방 이불 안에 작은 아이가 있었다
큰소리가 듣기 싫어 노래했다
멈추면 안 돼서 길게 했다

거기서 자랐다

노랑

선달골

　물이 깊고 맑아 물놀이하기에 완벽한 곳이 있었다. 괴산 고등학교 후문 옆으로 조그맣게 난 길에는 사람이 지나는 흔적이 거의 없다. 보물섬을 찾듯 늘 약간의 두려움을 안고 좁은 숲길을 헤치고 걷다 보면 골짜기 하나가 나온다. 조선시대에 선달이 살았다는 골짜기는 개울을 하나 품고 있다. 여름방학 동안은 모든 친구를 거기 가야만 만났다. 아빠가 도시로 나가 살자고 꼬드겨도 넘어가지 않은 건 바로 선달골 때문이었다. 나는 언제나 촌에 살고 싶었다.

　형들이 집에 찾아와 불러내 주기만을 아침부터 기다렸다. 마침내 이름을 부르는 정훈이 형의 목소리에 숟가락을 던지듯 내려놓고 달려 나갔다.
　조심햐!!
　신이 난 등 뒤로 할머니의 말이 튕겼다.

　그해 가장 더운 날이었다. 선달골로 향했다. 뜨거운 햇볕을 가만히 받아내면서도 개울은 어서 달려와 안기라고 말했다. 누가 먼저랄 것도 없이 알몸을 던졌다. 영원할 것 같던 뜨거운 열이 한순간 사라졌다. 선달골은 늘 우리를 더위로부터 구해주는 멋진 일을 했다.

 형들은 물장구가 시시하다고 바위를 옮겨 다니며 다이빙했다. 그중 한 명이 부러운 눈빛으로 쳐다보던 나를 속삭이듯 꼬셨다. 떠오르는 할머니의 말을 모르는 체하고 바위에 올라 버렸다.
 물속에 들어갔을 때 가슴이 터질 듯한 희열과 동시에 무릎에 찌릿한 통증을 느꼈다. 무언가 날카로운 것에 찔린 것 같았다. 물 밖으로 나와보니 구멍 난 무릎에서 피가 분수처럼 뿜고 있었다. 화창한 날씨 탓인지 그것이 유난히 붉게 보였다. 그리 아프진 않았지만 형들의 표정이 심각해서 불안했다. 어른들을 부르자는 말과 일단 집으로 데리고 가자는 말이 뒤섞여서 들리더니 이내 졸음이 쏟아졌다.

 덜컹거리는 참에 정신이 들었다. 끊임없이 페달을 굴리는 정훈이 형의 등은 벌겋게 익고 있었다. 햇볕은 마치 용광로처럼 우리를 녹이려는 듯했다. 나는 너무 더워 숨도 제대로 못 쉬었다. 무릎 다친 것도 잊을 만큼 더웠지만, 그보다 숨이 막혔던 건 다시는 선달골에 못

올 것 같다는 생각이 번뜩 지나갔기 때문이다.

 문이 열려 있어 할머니가 보였다. 어쩐 일인지 형들은 나를 내려주자마자 내뺐다. 곧 이유를 알았다.
 피범벅이 된 다리를 본 할머니가 맨발로 달려 나와 등짝을 마구 때리기 시작했다.
 어이구 망할 놈아, 왜 그랬어~~ 어이구 이 쌍놈아~~ 왜 말을 안 들어 말을.
 할머니가 소리치듯 말했다.

 형들이 봉변당하지 않아 다행이라는 생각을 하는 동안에도 할머니는 등을 부술 듯이 쳐, 대답할 기회를 뺏었다. 등허리에 퍽퍽 감기는 할머니의 맨손은 묵직하고 매웠다. 등이 뜨끈해지자 눈물이 맺혔다.

 적신 수건으로 피딱지를 닦고, 상처 난 데를 소독하고, 연고를 바르고, 또 붕대를 감는 동안에도 할머니는 끊임없이 화를 내고 나를 나무랐다. 왜 맞아야 했는지 알았다면 덜 서러웠을까. 무릎에 시선을 둔 동안 맺혔던 것들이 뚝뚝 흘렀다.
 선풍기는 내 얼굴로만 고정된 채 그것을 말리느라 분

주했다. 그 사이 할머니가 수박을 썰어 왔다. 먹어 언능. 쉬었지만 다정한 목소리였다.

수박은, 맛있는 그 수박은 절대 잊을 수 없는 단맛이었다. 무릎에 구멍이 나야만 먹을 수 있는 거라면 다시 선달골에 달려가 구멍을 하나 더 내고 싶은 정도였다. 혼자서 거의 한 통을 다 먹어 치웠다.

이제 진짜 조심혀, 할미 이제 늙었어 아가.

선풍기 소리에 묻혀 할머니의 목소리가 힘없이 들렸다. 자신이 늙어서 내가 아프면 안 됐다. 왜냐고 묻고 싶었지만 할머니의 벌건 얼굴이 그 물음을 막았다.

울고 있었다. 내 무릎이 흘리던 것과 비슷한 것이 할머니 눈에서도 뚝뚝 흘렀다.

할미 이제 늙었어.

이번엔 선풍기 소리에 묻히지 않고 또렷이 들렸다. 그러고 보니 할머니는 정말 늙어 있었다. 깊게 팬 주름에 할머니가 흘린 눈물이 갇혔다. 다친 건 내가 아니라 할머니였나. 가슴에 죄책감이 무겁게 내려앉았다. 서둘러 선풍기를 회전으로 돌렸다.

옥시기의 여름

어느 계절이 되면 한 가지 냄새로 동네가 가득했던 기억이 있다. 봄을 가득 채우던 미나리나 냉이 같은 향긋한 냄새가 지나고 달콤하고 고소한 옥수수 냄새가 자리를 대신하면 드디어 사랑하는 여름이 왔음을 알았다. 여름방학에는 날마다 마을회관에서 깡통 차기나 경찰과 도둑을 했다. 날이 어두워진 줄도 모르고 놀다 보면 골목 어귀부터 음식 냄새가 났다. 그럼 하나둘 집으로 돌아갔다. 나는 항상 더 놀고 싶었지만, 저녁을 채우는 냄새에는 모두를 집으로 돌아가게 만드는 무언가가 있었나 보다.

마을회관에서 집까지 가는 길은 좁았다. 사람 둘이 걸으면 꽉 차서 나는 늘 한쪽 벽에 치우쳐 걸었다. 아직 작았던 내 키에도 집마다 저녁으로 뭘 먹는지 다 보일 만큼 담장이 낮았다. 나는 담장 위로 떠다니는 맛있는 냄새를 힘껏 들이마셨다. 그럼 집으로 가는 걸음이 더욱 빨라지곤 했다.

내가 살던 동네에는 옥수수가 유명했다. 대학 옥수수.

여름철 마트에 가면 지금도 쉽게 볼 수 있는 괴산 특산물이다. 그날은 옥수수 냄새가 동네에 가득했으니, 아마도 옥수수 할아버지네 밭에서 어르신들이 함께 수확하는 날이었을 것이다. (나는 동네 할머니 할아버지를 그리 불렀다. 고구마 할머니, 고추 할아버지, 수박 할머니..)

집 문을 열고 할머니부터 찾았다. 마당에서 허리를 굽혀 솥을 살피는 뒷모습이 보였다. 할머니의 메리야스는 막 물에서 건진 미역 같았다. 한증막 같은 마당에서 안에 귀한 거라도 있는 마냥 한참을 솥만 들여 보느라 손자가 온 줄도 모르던 할머니는 내가 몇 번을 부르고 나서야 뒤를 돌았다. 희뿌연 김이 할머니를 감싸고 주변으로 옥수수 냄새가 진동했다. 어딘가 영웅 같았던 할머니의 얼굴에 시뻘건 즐거움이 걸려 있었다.

속내와는 다르게 내 얼굴이 찌푸려진건 멀리서도 강한 열이 느껴졌기 때문이다.

쫌만 기댕겨, 우리 강아지!

할머니는 힘든 기색 없이 크게 말하고 아직 얼굴에 걸려 있는 시뻘건 즐거움으로 다시 말했다.

옥시기 먹자!

나는 있는 힘껏 냄새를 맡았다. 이 특별한 시간을 지키고 싶었다.

할머니는 제일 크고 맛있어 보이는 놈을 반으로 뚝 하고 분질러서 나에게 먼저 줬다. 손에 들린 옥시기는 너무 뜨거웠지만 할머니가 버티고 지켜낸 온도가 고스란히 느껴져 차마 내려놓을 수 없었다. 그것은 할머니의 사랑이고 한나절이어서 식기 전에 먹어야 했다. 맨 먼저 단물을 쪽쪽 빨고는 끄트머리부터 한 알갱이씩 깨물었다. 토끼처럼. 내가 정신없이 먹는 걸 지켜보고 나서야 할머니 할아버지가 본인들 것을 골랐다. 내 거보다 작고 맛없어 보이는, 검은 게 송송 박힌 성치 않은 것들이었다.

끈적해진 손과 입을 닦으려고 욕실에 갔다. 은색 대야에 물을 가득 받고 손을 담갔다. 일렁이는 것을 가만히 보고 있자니 계곡으로 순간이동 한 것 같았다. 찬 기분을 오래 붙잡으려고 수건으로 닦지 않고 손을 허공에 저어 말렸다. 지금도 그 생각을 하면 땡볕 아래서도 금방 시원해진다.

할머니가 돌아가신 뒤로 열 번이 넘는 여름이 지나고 막 새 여름이 찾아왔다. 낮에 들른 마트에서 대학 옥수수를 팔고 있었다. 사람들이 줄을 서 사려는 것들은 여전히 샛노랗고 먹음직스러웠다. 마침 매대 바깥으로 검은 게 송송 박힌, 성치 않아 보이는 옥시기 하나가 삐져나와 있었다. 할머니가 먹던 그것과 비슷했다.

 허리를 숙여 솥을 한참 들여다보던 할머니는 돌보고 있었다. 아무 데서나 막 자랐어도 사랑만 있으면 결국엔 뜨거워질 것을. 그건 나였다는 걸 너무 늦게 알았다.

보고또보고

 안방은 회전으로 돌아가는 선풍기 소리와 세 명이 짭짭거리는 소리, 텔레비전에서 나오는 말소리로 소란이었다. 할머니는 연속극 보는 걸 좋아했다. 모든 방송국의 드라마 편성표를 꿰고 있었다. 당연히 나와 할아버지에게 리모컨 집을 기회란 없었다. 보기 싫어도 연속극을 봐야 했다.
 '보고 또 보고' 우리 동네 할머니들은 해 질 녘에 그걸 보고 있었다. 할머니는 모든 사람이 경로당에 모이면 맨 먼저 그 이야기를 한다고 했다. 진짜 인생을 산 노인들이 잠깐의 환상을 보는 거였을까.

 할머니는 뉴스나 아침 방송을 볼 때는 맨눈으로 보면서 드라마를 볼 때는 꼭 돋보기를 썼다. 나보고 눈 나빠진다고 가까이 앉지 말라고 해놓고는 자기는 텔레비전 코 앞에 앉아 거기 나오는 사람들의 말, 몸짓, 표정 하나를 꼼꼼히도 살폈다. 밥 더 있냐는 할아버지의 물음에 대꾸도 않은 채.

 연속극보다 할머니를 구경하는 재미를 더 들인 날이

있다.

 시어머니가 괜히 잡도리하며 며느리를 괴롭히자 할머니의 주름이 보다 굵게 잡혔다. 진짜 맞추고 싶어 그러는지 손에 든 고추를 텔레비전으로 던지는 시늉도 했다. 반찬 집던 팔이 허공에서 아무것도 하지 않을 때 며느리는 울고 있었다. 내내 음식 씹던 할머니 입이 열린 채 멈추면 눈에는 물이 빽빽이 들어찼다. 어린 마음에 할머니의 울음을 따라 울던 나는 그 연속극을 울고 또 울고라고 불렀다.

 젊은 부부가 오순도순 사는 모습이 나오고서야 할머니는 웃음을 되찾았다. 팔과 입이 다시 제 일을 했다. 손에 들린 고추는 무기였다가 음식이 되었다. 그게 가장 큰 재미였다. 가끔은 집어던지려고 밥상에 올리는가 싶었다.

 할머니가 좋아하는 부부는 내일도 나올 거고, 그 부부가 할머니를 신바람 나게 해줄 거다. 뭐 시어머니가 또 웃음을 도둑질하겠지만 어차피 마지막엔 돌려줄 거니까 괜찮다. 나는 연속극이라는 것이 공평해서 좋았다. 그래서 영원히 멈추지 않으면 좋겠다고 생각했다. 할머니가 울고 웃는 모습을 보고 또 볼 수 있게.

보고 있어도 보고 싶은~

　주제곡이 나오고 연속극이 끝을 알렸다. 씻고 방으로 돌아오니 할아버지는 그르릉 소리를 내며 잠 들어 있었고 할머니는 보이지 않았다. 주방에서 나는 물소리, 그릇끼리 부딪는 소리가 아홉 시 뉴스에 나오는 여자의 목소리와 미묘하게 어울렸다. 베개에 누워 내일도 텔레비전 앞에 있을 할머니를 떠올렸다. 웃어대느라 잠이 안 와 혼났다.

만두

 괴산에 정말 맛있는 만둣집이 있었다. 먹어 본 음식 중 최고를 꼽으라면 그 만두를 꼽고 싶다. 만두 중에서 말고, 살면서 먹어 본 음식 중에서 말이다.

 오십원에 하나씩을 팔았다. 백원이 생기면 가장 먼저 한 일이 그곳에 가서 만두 두 개를 먹는 일이었다. 오백원이 생긴 날은 생일이나 마찬가지였다.

 아빠가 나를 도시로 데려가 키우겠다고 할머니에게 말했다. 그 당시 아빠는 도시에 있는 직장에 다니느라 평일엔 따로 지냈다. 빨간날에나 나타나, 자는 아들을 깨워 목욕탕에 들렀다가 점심으로 삼겹살을 먹이곤 했다. 이따금 아빠가 고기를 뒤집으며 도시 얘기를 늘어놓는 바람에 나는 막연히 궁금했다. 도로는 얼마나 넓은지, 학교는 몇 개가 있는지, 사람들은 매일 밤 레스토랑에서 스테이크를 먹는지 그런 것들이. 도시에 사는 사람들이 얼마나 멋지고 세련됐는지는 뭐, 그쯤은 나도 알고 있었다. 보고 또 보고에서 다 봤으니까.

아빠와 대화하던 할머니가 사뭇 진지한 표정으로, 가서 만두 좀 사 오라며 천 원짜리 한 장을 쥐여주었다. 천원이라니. 나는 그 붉은 종이를 손에 쥐고 있으면 방금 어떤 죄를 지은 것처럼 마음이 콩닥대 어쩔 줄 몰랐다. 오백원 두 개로 거스르거나 빨리 써버리고 나서야 겨우 진정했다.

꼬깃한 천원을 쥐고 문밖을 나설 때, 뒤에서 느껴지는 할머니의 안쓰러운 표정을 모르는 체할 만큼 만두를 무려 스무 개나 먹을 수 있다는 사실에 떨렸다.

밤공기는 찼다. 달려서 더 그랬는지 입김이 기차처럼 푹푹 나왔다. 만둣집에 다다랐을 때 문밖으로 냄새가 마중 나와 더욱 반가웠다.

주인아주머니에게 당당히 천원을 내밀고 만두 스무 개를 받았다. 아주머니는 니가 어쩐 일이냐며, 용돈 받았니. 라고 하셨다.

할머니가 사 오랬어요. 하니, 아주머니가 열 개를 더 담으며 할머니 잘 계시지? 할머니 속 썩이지 말고 잘햐 영신이. 라고 하셨다.

아빠는 떠나고 없었고 연속극 할 시간인데도 텔레비

전은 꺼져 있었다. 만두 스무 개를 할머니 앞에 내밀었다. 열 개는 집에 오면서 다 먹어 치웠기 때문이다. 할머니는 만두를 쳐다보지도 않고 울기만 했다.

할머니 왜 울어 울지마.

이렇게 말했지만 속으론 할머니가 왜 우는지 알았다.

아가. 아빠 따라서 가고 싶어? 할머니랑 여서 살면 안 될까? 영신이 없으면 할미 어떻게 살아.

예감했던 말이 할머니 입에서 나왔다.

할머니의 말이 채 끝나기 전에 만두 하나를 집어 할머니 입에 넣었다. 할머니 나 안가. 나 할머니랑 괴산에서 살 거야. 말하고는 할머니의 눈물을 모조리 닦았다.

마지막은 거짓말이다. 그다음 달에 나는 아빠를 따라 도시로 갔다.

할머니는 배가 부르다며 내가 내민 만두를 한 개도 먹지 않았고 스무 개를 나 혼자 다 먹었다. 체했다. 할머니가 가는 실로 내 엄지손가락을 둘둘 말고 바늘로 뚱뚱해진 손톱 아래를 찌르며 말했다.

아가 거 가서도 체하면 아빠한테 꼭 손 따달라고 햐 알았지? 할머니 보러도 자주 오고 아가. 할머니가 만두 많이 사다 놓을게.

뜨거운방

그래도 어제보다는 두 시간을 더 누워 있어 다섯 시에 눈이 떠졌다. 시차 적응은 늘 어렵다. 창밖을 보니 붉은 띠 하나가 커다랗고 검은 막 아래서 태어나고 있다. 아침이 오려는 모양이다.

이 시간에 연탄을 갈러 나가던 할머니가 생각났다. 새벽에 열리는 방문은 기분 나쁜 소리를 내 잠을 깨웠다. 어서 닫히는 소리가 나기를 기다렸지만 할머니는 꼭 문을 덜 닫았다. 그 바람에 불청객들이 찾아왔다. 거실이 품고 있던 냉기, 그 뒤로 옅은 달빛이 따라 들어와 벽에 찰싹 들러붙고, 메주 냄새가 마지막이었다.

어쩐지 추워진 것 같아 이불을 꼭 끌어안았다. 남은 잠이 문 바깥으로 나가지 않게 붙잡고 싶었다. 잠은 다시 오지 않을 거라는 걸 발가락이 먼저 알고 꼼지락거렸다.

초조한 마음에 소매를 쭉 당겼다. 몇 해 전 할아버지가 읍내에서 사다 준 회색 내복이다. 처음 입었을 때는 소매가 손등을 반이나 가렸는데 더는 손목도 발목도 마저 못 가렸다. 할머니가 나를 아가, 하고 부르면 마음속 어딘가 불편해지기 시작한 때가 아마도 자꾸 몸이 커지던 그즈음이다. 이제 무엇이 될지 생각하니 잠이 더 달아났다.

수를 세었다. 잠이 다시 돌아오지 않을까 해서. 세 자리로 넘어갈 때 방바닥이 다시 뜨끈해졌다. 소매를 붙잡고 있던 손을 엉덩이 밑에다 깔고 등허리를 바닥에 찰싹 붙였다. 온기가 금방 몸을 감쌌다.

이번에는 방문을 꼭 닫고 할머니가 돌아왔다. 불청객들이 그제야 사라졌다.

다시 자 아가.

연탄 냄새를 달고 이불로 들어온 할머니가 말했다.

나는 수를 놓치고 다시 잠에 들었다. 그 뜨거움 위에서.

셋

 할머니는 둘째 아들을 미워했다. 애미 속 그만 썩이라며 자주 울었다. 너무 울어 할머니 얼굴에 곧 곰팡이가 필 것 같았다. 그날도 이만치 취해 들어온 아들과 너 죽고 나 죽자며 한참 실랑이했다. 지쳤는지 말이 없다가, 대뜸 아들아 사랑한다. 라고 했다.

 그때 아빠의 나이가 된 나도 술을 많이 마신다. 자주 우는 내게 아빠는 사랑한다고 한다.

 언젠가 셋이 만나면 우리 살던 집에서 함께 낮잠을 자고 싶다.

봄

홍수

수업 내내 주머니 속에서 흙을 만졌다.

전날 새벽부터 자비 없이 비가 들어붓더니 기어이 집이 잠겼다.

지대가 낮은 도로가 있었다. 도로가 난 방향 끄트머리에 물이 빠지는 배수로가 있는데 그것보다 아래에 샤시로 된 문이 우리 집 문이었다. 우리 집은 너무 낮은 이유로 오늘 아침에 물바다가 되었다.

눈을 뜨니 가족이 밥을 먹던 마루가 없어졌다. 눈을 비벼도 여전히 없었다. 그 자리에는 신발 몇 켤레와 텔레비전 장 위에 함께 올라가 있던 전화기, 전화번호부 같은 것들이 둥둥 떠다닐 뿐이었다. 주방의 밥그릇, 국그릇, 냄비 같은 식기들도 신나는 놀이에 합세하듯 등장했다. 부유하는 것들은 모두 생필품이었다. 우리의 생활은 이토록 가벼웠나보다.

할머니가 내치는 고함과 물건들이 달그락대는 소리가 엉겨 어지러웠다. 할아버지가 내 발이 들어가고도 한참이 남는 장화를 신겨 주었다. 어딘가 재미있는 것 같은 기분.
 허벅지까지 찬 흙탕물은 차가웠다. 미숫가루 색깔이었다.

 얼른 학교 갈 준비를 하라는 할머니의 말에 가방을 찾았다. 멀리 있어서 가지러 가려는데 물살이 세 힘을 주어 걸어야 했다. 가방을 구하고 돌았을 때 물을 퍼내는 할머니가 눈에 들어왔다. 어쩐지 할머니가 손에 든 바가지는 너무 작아 보였다. 이것이 놀이가 아니라 가난인 것을 그제야 깨달았다.

 젖은 옷을 말리기 위해 쉬는 시간과 점심시간 내내 운동장에 있었다. 비구름이 가시고 해가 많이 나 있어 따뜻했다. 오늘이 일요일이면 좋겠다고 생각했다. 선생님의 종례가 끝나면 다시 집으로 가야 한다니 어쩐지 분했다. 할아버지 할머니는 내가 학교에 있는 동안 물을 다 퍼냈을까. 오늘 밤은 이불에 흙을 쓸어내다 잠들게 될까.
 아침에 정신이 없어 버스표 챙기는 걸 깜빡했다. 학교에서 집까지는 걸어서 한 시간, 차라리 잘됐다고 생각했다. 집으로 가는 길에 나는 애써 듬성듬성 걸었다.

멀리서도 보이는 할머니의 메리야스는 오늘도 미역이 되어, 반나절이 얼마나 고달팠는지 대신 말했다.

마을 사람들이 우리 집 일을 돕고 있었다. 배곯은 고양이 보듯 다들 나를 애처롭게 보았다. 집 앞 대로에는 아침에 둥둥 떠다니던 신발들과 온갖 잡동사니가 아까 운동장의 나처럼 볕을 쬐고 있었다. 할머니는 나를 보자 다시 집으로 들어가 무언가 들고나왔다.

마셔 언능.

내가 좋아하는 미숫가루다.

한 모금도 마시지 못했다. 주머니 속 흙을 계속 만졌다. 안 그럼 울 것 같았다.

장마

하늘엔 하늘보다 구름이 많다. 물 머금은 풍선 같은 것들은 언제라도 터져 내용물이 쏟아질 것 같다. 앞선 구름이 머리 위를 지나고 다음 구름이 빠르게 온다. 수증기들은 왜 저들끼리 뭉쳤을까. 거인이 되고 싶었나. 어찌 속력을 내고 왜 부딪혀 큰 소리를 낼까. 위에서 아래로 또 아래서 위로, 새처럼 나는 수억의 물방울을 떠올리니 잠시 권태가 달아난다.

요 몇 주, 그것들이 파란 하늘을 지웠다. 그게 아니면 누군가 혼자만 보려고 커튼을 친 것이 맞다.

이른 오후임에도 동네가 어둡다. 무채색 세상에 빼앗기지 않으려 논과 밭의 초록 것들은 힘주어 자기 빛깔을 띤다. 그 안간힘을 보니 숨이 좀 트인다.

차라리 비가 내렸으면 좋겠다. 우산을 들고나오지 않은 건 맞기 위함이었다. 하지만 오전에 퍼부은 이후로 다시 내릴 기미가 안 보인다. 아무도 비를 맞지 않으려는 세상에서 나는 미련한 걸까.

빨래를 더 미룰 순 없어 오후가 되자마자 빨아 거실에

널었다. 오늘은 잘 마르려나 모르겠다. 옷들도 서로 짜증 나지 않게 멀찍이 떼어놨다. 거실에는 선풍기 세 대가 돈다. 이 셋은 자기 일을 한다. 장마가 시작된 후로 밤낮없이 똑같은 바람을 낸다. 지난주에 날개를 닦아주었는데 벌써 검은 먼지가 쌓여 있는 걸 보니 이 집에서 가장 열심히 일하고 있는 녀석들임이 틀림없다. 그 반대가 나다.

일요일엔 포천에 있는 지장산 계곡에 갔다. 주말치고 도로에 차가 없어 속도를 냈다. 창밖으로 지나는 낯선 시골의 풍경이 익숙한 기억으로 데려다줘 마음이 편안했다.

날이 어두워 그런지 계곡에 사람이 없었다. 아무것도 들리지 않을 정도로 매미가 악착같이 울었다. 나뭇잎들 사이로 빛이 나왔다 사라져 애탔다. 계곡물에 발을 담그자 아프리만치 차가웠다. 몸을 더 담가 엉금엉금 기었다. 긴 장마로 시든 속이 물에 씻겨 다시 살아났다. 숨을 크게 들이쉬고 얼굴마저 담갔다. 오늘은 걱정을 그만하기로 했다.

챙겨온 수박을 꺼내 먹었다. 앞선 물이 뒤따라온 물에 밀려 떨어지는 쪼르르 소리와 수박의 단물이 입으로 들어올 때 나는 후루룩 소리가 마치 친구 같았다.

쪼르르 후루룩 쪼르르 후루룩 쪼르르 후루룩

발을 담고 있는 계곡물은 쉼 없이 차가웠다. 아는 멜로디 몇 개를 흥얼대다가 물에서 나왔다. 내가 지은 것인지 넘의 것인지 헷갈렸다. 멀리 아이들이 물장구치는 소리가 매미 울음을 뚫고 귀에 닿았다. 어디를 봐도 여름이었다.

양말을 신는 새 모기가 다리를 문 듯했다. 돌아오는 차에서 벅벅 긁었더니 종아리가 벌겋게 부풀었다. 저녁밥을 먹을 때까지 그대로인 것을 보고 참을성 없는 내 성질을 타박했다.

숲모기는 나를 밤낮 고생시켰다. 불덩이 같은 게 내내 종아리에 올려진 것 같았다. 이튿날 새벽께 기어이 눈이 떠졌다. 버물리를 덕지덕지 바르다 간지럽게만 하고 떠난 사람들이 생각났다. 끓어오르는 것을 참지 못하고 뺨 때리듯 종아리를 때렸다. 그래봤자 아픈 건 나였다. 사람이고 모기고 미리 기피제를 뿌리지 않은 내 잘못일 뿐이었다.

헤드폰 전력이 얼마 남지 않았다는 알림이 들린다. 음

악을 재생시킨 지 얼마 안 된 것 같은데 금방 닳았다. 귀를 막던 것을 벗자 마트에 가던 길임이 생각났다. 얼마 안 남은 반찬거리와 저녁에 구이로 해 먹을 고등어를 사러 가던 참이었다.

  주변이 숨죽인 듯 고요한 사이 슬리퍼 끌리는 소리로 등 뒤에 외로움이 찾아온 것을 안다. 오늘은 이런 날이구나. 선풍기를 끄고 나왔나 모르겠다.

물결

할머니는 작게 떠났다. 큰 소리 없이 줄어들다가 이내 없어졌다. 할머니는 돌아가시기 한 달 전부터 말하지 못했다. 그때부터 나는 움푹 팬 할머니 볼에 내 볼을 대고 숨소리를 들었다. 그 미약한 것에는 가래가 대부분이었지만, 끝에 적당히 남는 여백이 듣기 좋았다. 여백을 계속 들으려고 할머니 볼에 내 볼을 붙이다시피 했다. 거기에는 분명 물결이 섞여 있었다. 할머니가 없어지고 나서도 한동안 귀에서 물결이 흘렀다.

장마 II

오랜만에 진천에 내려왔다. 이른 저녁을 먹는데 비가 억수같이 쏟아졌다. 오늘은 낮에 좀 오다가 말 것 같더니 기어이 다시 오는가 보다.

앗싸. 창문을 활짝 열었다. 젓가락질을 멈추고 가족 모두가 폭포 소리 같은 것에 귀 기울였다. 아무도 말 않다가 대뜸 나가서 비를 맞자고 아빠가 말했다. 아빠는 나랑 같이 비를 맞으면 정말 좋을 것 같다고, 다 추억이지 않겠느냐 물었다. 그러자 했다.

내가 비를 좋아하는 건 유전이었구나.

아빠와의 추억이 부족하다고 생각하던 찰나, 좋은 기회구나 싶었다. 엄마와 나현은 질색하며 둘만 다녀오라고 했다.

아빠 옷 중 제일 큰 것을 골랐는데도 작은 감이 있었다. 현관 앞에 섰을 때 천둥이 몇 번 쳤는데 그보다 빗소리가 더욱 커 묻히고 말았다. 비는 여전히 폭포처럼 내렸다.

따라와! 잔뜩 신이 나 보이는 아빠가 앞장서고 나는 두세 걸음 뒤에서 따랐다. 모처럼 아빠이고 싶어 하는

게 느껴졌다. 아빠와의 거리와 내 걸음의 보폭이 적당하다고 생각했다.

 길에는 우리 말곤 인적이 없었다. 무심히 달리는 차들의 와이퍼는 사력을 다해 유리창을 닦았다. 도로 위 빠르던 것들이 우릴 지나칠 때는 순간 망설이는 듯했다. 귀신이라도 본 걸까. 비 때문에 거의 감았지만 가끔 시야에 들어온 차들은 풍경화 속 오브제 같았다. 운전자들도 우리를 그렇게 봐주길 바랐다.

 단둘이 걸어본 적이 있던가, 기억이 나지 않았다. 아빠의 얼굴을 볼 때마다 나와 이렇게나 닮았구나 하고 놀라지만, 뒷모습을 보고 있자니 하나도 안 닮은 것 같아 서운했다. 등허리에 진심이 업힌 것 같아 좋기도 했다. 요즘 아빠의 정면에서는 진심을 잘 느끼지 못했다. 연도가 바뀔수록 허풍이 느는 우리 아빠다. 굵은 빗방울이 그에게 입 열 틈을 안 주는 것이 왠지 통쾌했다.

 한 시간이 흘렀을까. 하늘은 아예 어두워져, 가로등이 없는 길에서는 아빠의 발걸음 소리만 듣고 걸어야 했다. 하지만 어둠 속에서도 방향을 잃을 것 같지 않은 기묘한 기분이 들었다. 이따금 등불이 길을 비출 땐 아빠의 그림자가 나타났다. 그리고 그의 키가 눈에 들어왔다. 나랑 머리 하나만큼 차이가 나는데도 우리가 나란하다는 생각이 들었다. 아빠도 같은 생각일 거라 믿었다.

급하게 나오느라 신발장에 있는 아무거나 신었다. 아빠의 신발이었다. 푹신한 쿠션이 있었지만 뒤꿈치까지 못 오는 탓에 도움을 전혀 받지 못했다. 점점 발목이 붓고 있었다. 그래도 벗지 않았다. 어릴 적, 발 두 개를 다 넣고도 아직 한참 남았던 아빠의 신발이 생각났기 때문일까. 언제부턴가 내가 그의 모든 걸 따라잡았다. 이젠 발마저 내 것보다 작은 아빠. 그래서 허풍이라도 크게 떠는가 보다. 이 작은 발로 여태 살았다고 생각하니 내 아들인 양 기특했다.

비는 점점 줄어들다 완전히 그치고 풀벌레 소리가 일대를 채웠다.

아빠는 예전에 태풍이와도 나가서 몇시간을 걸었어.

드디어 아빠의 정면이 말하기 시작했다. 과묵하고 커다랗던 뒷모습은 이제 오간 데 없었다. 다행히 풀벌레 소리에 섞여 아빠의 허풍이 오늘만큼은 듣기 좋았고, 모두 진심이라고 믿었다. 이제 집으로 돌아가기로 했다.

목욕

난방을 켜고 각자 한 시간씩 목욕했다
몸 닦은 수건마저 피로하다

바깥도 목욕 중이다
논 위로 떨어지는 비를 맞고 모들이 꾸벅꾸벅 존다

우리도 졸리다
우리는 졸리다
우리는 편안히,
이불 안에서 졸리다

어쩌면 우리는 잠이고
저녁이고 죽음인지도 모른다

물

 수영하지 않으면 마음이 휘청여 하루를 온전히 보낼 수 없다. 이렇게 된 가장 큰 이유는 너무 잘 쉬어져서다. 숨이.

 한때는 내가 좀 아파질 줄 알았다. 정말 그렇게 믿었다. 한 달에 한 번은 정신과에 들러 의사에게 증상을 말하고, 그가 처방한 알약을 거르지 않고 삼키며, 몽롱한 상태로 누군가의 번호를 누르다 말고 잠이 들 거라고 말이다. 마땅히 그래야 한다고 생각하기도 했다. 어부가 그물을 건져 올리기 전 드는 마음으로 나 또한 병을 기다렸지만 끝내 찾아오지 않았다.
 도리어 정신이 말짱해져 화근이었다. 시야에는 전보다 많은 것이 담겨 늘 눈가가 묵직했다. 미세한 소리에도 잠을 깨, 시계의 건전지를 다 빼버렸다. 잔소리가 늘어난 것도 달라진 점 중 하나였다.
 모든 게 또렷해져 나는 거의 방에서만 머물렀다. 바깥에 나가면 걱정해야 할 것들이 너무 많았기 때문이다. 중요한 일이 아니었음에도 마냥 지나치기 힘든 것들이었다.

집을 나서면, 먼저 눈에 들어오는 건 불법주차였다. 아무리 하늘이 예쁜 날에도 그랬다. 운전자에게 전화해서 이동 주차를 요구하거나 구청에 민원을 넣었다. 민원실 직원은 나중에 내 전화번호를 기억했다.

여느 때처럼 친구의 고민을 들어줄 수도 없었다. 불쑥불쑥 잔소리가 튀어나와 연신 그의 입을 막았다. 연애에서 자꾸만 을이 되려는 다른 친구에게는 적당히 조언할 타이밍에 화를 내버려 관계가 서먹해지기도 했다.

나랏일에 큰 관심을 가졌다. 내가 낸 세금은 어디로 갔는지 궁리하느라 식은밥을 먹었다. 뉴스에 나오는 유명한 공무원들 욕을 했다. 기분이 좋아질라치면 곧 안 좋은 일이 일어날 복선이라는 생각에 스스로 불안을 가져와 속을 까맣게 적셨다.

스팸 문자, 소파 밑에 뭉친 머리카락, 상아시들의 배변 실수같이 마땅히 일상에서 하는 발견들도 누군가 일부러 심은 지뢰 같았다. 그래서 나는 거의 방에서만 머물러야 했다. 병신같았다.

어느 새벽, 잠에서 깨 거울로 본 내 얼굴은 포악한 사자의 것이었다. 인상이 좋다고 어르신들이 이뻐하던 무구한 티는 다 사라졌다. 기분이 울적해진 채로 다시 자리에 누우니 나를 좀 괴롭혀야겠다는 생각이 찾아왔다. 추악하고 사납고 안쓰럽기까지 한 사자를 빨리 내 얼굴에서 몰아내고 싶었다.

등산은 아직 무릎이 낫지 않아 포기. 자전거는 자꾸 훔쳐 가서 포기. 킥복싱은 자꾸 싸움 나서 포기. 여러 방법과 핑계를 낙서하듯이 메모장에 적어 보다가 결국 물에 들어가는 것에 마침표가 찍혔다. 숨을 어렵게 쉬어 나를 위태롭게 하려는 이유였다.

수영을 제대로 배워본 것은 처음이었다. 자유영은 어렵지 않았다. 평영과 배영을 익히는 데는 석 달이 걸렸다. 접영은 하다 하다 도저히 안 돼 포기했다. 대신 더 어려운 걸 찾았다.

I 프리다이빙

물속에서 거꾸로 머문 경험은 아득했다. 그 안은 생각보다 따뜻했는데도 아무도 나를 구하러 오지 않을 것 같은 생각이 들어 추웠다. 숨을 쉬고 싶다는 마음이 간절해질 때마다 눈앞이 뿌옜다. 삼 미터만 내려가도 정신이 혼미하고 귀가 아팠다. 수심의 압력은 인간의 것과 달라서 평형을 맞춰야 한다. 더욱이 머리가 폐보다 아래에 있을 때는, 비행기에서 배에 힘을 주어 귀를 뚫는 것과는 다른 특별한 방법을 사용해야 한다.

프렌젤, 이것을 익히는 데 오랜 시간을 들였다. 몇 달을 그것에만 매달린 뒤에야 거꾸로 오 미터에 들어가 귀를 뚫는 것이 쉬워졌다.

일 년을 물에서 살았다. 기록은 꾸준히 늘어 어느 날은 한 번도 경험하지 못한 곳에 가 닿았다.

깊은 물 속은 검었다. 물 좀 친다는 다이버나 구경한다는 그곳은 어쩌면 밤보다도 검었다. 새벽녘 검푸른색이던 시야에 순간 빨간색이 섞여 들었다. 눈에서 핏줄이 터진 듯했다. 더 내려가려거든 눈알이라도 내놓으라는 경고 같았다. 손목시계를 보니 삼십일 미터였다. 아파트 정도의 높이려나 하는 쓸데없는 생각이 번뜩 끼어들었다. 하는 수 없이 몸을 거꾸로 돌렸다. 바로 선 자세가 되자 한쪽 눈은 눈 감은 듯 까맸고, 코는 와사비를 먹은 것만치 매웠다.

늘 아쉬움을 남기고 수심 영으로 돌아가곤 했다. 무리하지 않는 것도 훈련의 일부였다. 아쉬움을 동력 삼아

다음번엔 더 깊이 들어가겠다는 다짐을, 상승하면서 했었다.

　이번엔 달랐다. 의지가 사라졌다. 힘이 빠져서도 아니고 숨이 차서도 아니었다. 그냥 돌아가기 싫었다. 단지 머물고 싶은 생각뿐이었다. 그대로 죽어도 좋을 만큼 편안했다.

　미동 없이 떠 있는 나를 이상히 여긴 버디가 아래로 내려왔다. 내 마스크 앞에 엄지손가락을 펴 보이며 상태를 확인했다. 그에게 걱정을 끼쳤다는 생각에 죄책감이 들었다. 나도 얼른 그의 마스크 앞에 엄지손가락을 펴주는 것으로 조금은 그것을 덜었다.
　정말로 물귀신이 있는 걸까. 물을 가르며 오르는 동안 무엇이 내가 올라가는 것을 막았는지 생각하자, 피닝하는 허벅지에 힘이 들었다. 동시에 명치 언저리에도 조바심이 들었다. 살아서는 돌아가지 못할 거라고 거의 확신했다.
　새벽이 끝에 이르러 동이 트듯 차츰 시야가 환해졌다. 조각난 빛들이 스며 사방에 가득했다. 그중 몇 가닥이 마주 선 벽면에 닿았다. 속으로 읽는다. 22 21 20 19 남은 거리가 빠르게 줄어들었다. 짐작보다 많이 올라왔다는 생각이 허벅지의 긴장을 느슨하게 풀었다.
 12 11 10 9 다시 앞자리가 바뀌었다. 빛은 더욱 산개해 내 주변을 감싸고, 사람들의 알 수 없는 말소리가 웅성거렸다. 수심 오 미터에 왔음을 알리는 시계의 진동이 손목에서 느껴지고, 주욱 곁에 있던 의식이 나를 벗어났다.

 우리는 춥지 말라고 서로 두꺼운 옷을 권했다. 강아지 한 마리씩 데리고 비를 맞으며 산책했다. 비가 거세져 그만 돌아가자 하고 집까지 달리기 시합을 했다.

 정신이 들었을 때 기침을 섞은 호흡을 하고 있었다. 주변에 있던 사람들은 마스크 안으로 빨개진 내 눈을 보고 놀란 얼굴이었다. 다음날, 거울 앞에는 뱀파이어의 눈을 한 얼굴이 있었다. 한 쪽 눈 주위에는 퍼런 멍까지 든.
 흰자위가 다시 하얘지고 멍이 완전히 사라질 때까지 종종 그때의 산책을 떠올렸다.

II 하이다이빙

 다이빙대에서 아래를 보는 매 순간이 나와의 싸움이었다. 수십 번을 반복해도 같았다. 죽을 수도 있겠다는 생각을 자꾸 했다. 아무래도 늘 아팠다.
 올바른 자세로 입수하면 탕! 하고 총소리가 난다. 올바른 자세라 하면, 온몸에 힘을 주어 통나무처럼 딱딱하게 만들고 기지개를 켜듯, 손바닥 말고는 아픈 곳 없이 물에 들어가야 한다.
 총소리가 내 귀에 들리기까지는 일 년이 걸렸다.

 오 미터 플랫폼에 서기로 한 것은 내 의지보다 강사님과 선배들의 부추김이 컸다. 플랫폼이 둘로 나뉘는 계단에서 한참 고민하다가 항상 삼 미터 플랫폼으로 향하던 나였으니까.
 수려하게 오 미터 플랫폼을 가지고 노는 선배들을 보면 호기심이 생겼다. 하지만 잘못 떨어진 사람이 내는 굉음과, 천장에 닿을락 말락 하는 잔 물방울을 보면 호기심이 두려움으로 바뀌는 데 시간이 얼마 들지 않았다.
 삼 미터에서 연달아 총소리를 듣던 날 강사님의 권유

에 선배들이 합세했다. 다음날 오 미터 플랫폼에 섰을 때 몇 번이나 다시 내려가려고 했지만 아래서 눈이 빠지게 기다리는 사람들을 보니 이미 늦은 것도 같았다.

결국 자세를 잡았다. 이 미터를 더 올라오는 데 일 년이 걸렸다. 가슴 한쪽 자신감도 있었다.

오 미터에서 해 보고 싶은 자세가 있었다. B201. 양팔을 높이 들고 바로 선 자세에서 시선은 멀리, 무릎을 접었다 펴 점프, 날개처럼 팔을 펼침과 동시에 몸을 접고, 다시 아래로 기지개 켜며 입수.

도쿄올림픽에 출전한 다이빙선수가 십 미터에서 이 동작을 완벽하게 하는 것을 본 다음 날, 센터에 접수했다. 첫 달을 제외한 일 년간 이 동작만 연습했다. '때'가 됐다는 강사님의 말에 기꺼이 동의하기로 했다.

점프!

세상이 흐릿했다. 아니 깜깜했나. 죽음인가 싶었다. 카메라 셔터가 찰칵하고 무언가 남겼다. 가족들, 친구들, 시와 우주… 보고 싶다. 보고 싶다. 보고 싶다. 아프다. 등이 아프다. 너무 아프다아.

점프한 다음 기억이 잘 나지 않았다. 힘이 너무 들어

간 나머지 동작이 꼬인 듯했다. 나중에 영상을 보니 팔을 옆으로 뻗었을 때 균형을 못 잡고 상체를 반 바퀴 더 회전시킨 것이다. 그러니 물에 닿을 때는 등이었다. 입수라기보다 등으로 낙하했다. 아픈 것도 아픈 거지만 대포 소리가 나서 너무 창피했다. 백 명 넘는 사람들이 수군대는 소리가 어쩐지 귀에 다 들어왔다. 그들이 있는 레인까지 내가 일으킨 파문이 닿은 것이다.

바유

트롤의 혀

서른다섯이 되던 날 아침, 메모장에 적었다. 트롤퉁가 등반하기. 우리나라 높다는 산들을 여러 번 오르다 보니 언젠가 바다 건너 큰 산도 경험하고 싶다는 호기심이 생겼다.

앨범 표지 작업을 부탁하려고 만난 준성에게 이야기를 꺼내니 그가 큰 관심을 보였다. 좋은 그림을 선물해 준 준성에게 마침 빚을 갚을 기회라고 생각해 함께 가자고 제안했다.

한국의 봄이 끝나갈 무렵, 준성과 거인의 혀를 닮았다는 절벽을 보기 위해 겨울의 냉기가 채 가시지 않은 노르웨이로 갔다.

북으로 난 길이라는 이름처럼 어디로든 이어지는 긴 도로가 있었다. 협곡 구석구석을 운전하며 이 국가에는 국민 영토 주권 말고도 자연이 한자리하고 있음을 알았다. 그것은 분명 나라에 큰 숨을 불어넣고 있었다.

무엇이든 건져보려 메모장을 켰지만, 아무것도 건질 수 없었다. 하늘에 덤비듯 솟은 산들이 "너는 다른 것 말고 평화만을 생각해"라고 말하는 듯했다. 심장이 크게 뛰었다.

오슬로, 게이랑에르, 보스까지. 열흘 만에 주요 지역들을 거쳤다. 이제 마지막 여정을 위해 트롤의 혀, 트롤퉁가에 왔다.

주차장에 들어섰을 때 차가 한 대도 없었다. 주변은 모두 컴컴했다. 시간이 조금 흐르니 태양이 빙하 머리 위로 서서히 주황을 퍼트리기 시작했다. 보물섬에 온 것처럼 혼을 빼앗긴 준성의 얼굴이 보였다. 새벽부터 움직이길 잘했다는 생각이 들었다. 차에서 내려 가방을 메고 걸었다. 어둠이 바닥으로 나리며 허연 속살이 드러난 절벽이 나타났다. 내가 보고 있는 것이 무엇인지, 어디에 와 있는지 알 수 없었다. 공간감을 소멸시키는 듯한 아득한 풍경이 그저 있었다. 여행은 이렇게 완성인가 싶었다.

굵고 빨간 글씨가 씌어 있을 땐 주의 깊게 보아야 한다. 그리고 번역기를 돌려서 나온 말이 대충 하지 말라는 말이면, 하지 않으면 되는 거였다. 우리가 도착했을 때는 오월, 아직 겨울이었다. 날씨가 풀려 눈이 녹을 칠월까지는 가이드 없이 등산하지 말라고 굵고 빨갛게 쓰인 경고를 호기롭게 무시한 나를 한동안 후회했다.

시계를 보고 서너 시간이 지났음을 알았다. 우리는 몇 번이고 길을 잘못 들어 마침내 설산을 헤매고 있었다. 말을 안 들어 결국 사달이 났다. 스마트폰 데이터는 내 속과 달리 안 터지고, 지도는 없었다. 사람도 없었다. 눈 위에 난 건 두 사람의 발자국뿐이었다. 햇살에 비쳐 약 올리듯 그것은 유난히 번들거렸다.

한국이 얼마나 멀리 있는지 생각하니 눈앞이 캄캄했다. 앞도 캄캄한 김에 허기를 채우기로 했다. 뻔한 말을 하며, 금강산도 식후경.

보온병에 챙겨온 온수를 컵라면에 붓고 준성에게 실없이 농담했다. 아직 웃어주는 준성을 보니 마음이 놓였다. 그건 나를 위한 우스개였지 싶다. 라면을 먹으며 가야 할 길을 모색했다. 넌 능선이 두 선택지를 주었다.

세 번 굽이치는 험준한 골짜기가 있고 눈이 많이 쌓여 있는, 하지만 너머에 분명히 길이나 있을 듯한 ㄱ.

눈이 쌓여 있긴 마찬가지지만 태양이 내리쬐고 있어 드넓은 설원이 곧 녹을 것 같은, 비교적 완만하고 가리는 것이 없어 지평선이 보이는 ㄴ.

ㄱ은 한 번 가면 돌아 나올 수 없을 것 같았다. 반면 ㄴ은 설령 틀린 길이어도, 도로 나와 ㄱ으로 갈 체력이

남을 것 같았다. ㄴ이 현명했지만, 우리는 ㄱ으로 갔다. 오기였다. 죽을 각오를 했다.

 걸을 때 발이 푹푹 꺼졌다. 그 바람에 신발이 축축하게 젖었다. 발가락을 움직이면 아무 느낌이 없었다. 아이젠도 없이, 운동화를 신고 가방엔 컵라면 하나씩과 초코바 달랑 몇 개만 챙겨 대책 없이 설산에 올랐다는 사실이 웃겼다. 하나도 안 웃긴데 웃음이 나는 것이었다. 우리 말고는 아무도 없는 곳에서.
 체력이 반절 줄었을 때야 사람 발자국을 보았다. 준성을 살릴 수 있다는 안도와 여행을 완성 시킬 수 있다는 희망이 동시에 생겼다. 고작 헛바닥 주제에 이런 고생을 시키다니, 벼르며 고개를 들었다. 누군가 "여긴 지구야"라고 말해준다면 절대 믿지 않을 풍경이 여전히 아득했다.

 겨우내 수북이 쌓인 눈 위를 걷는 일은 마치 메일함을 여는 것 같았다. 애정어린 인사로 꾸민 스팸 메일처럼, 속이 텅 빈 것이 단단한 표면으로 위장해 발을 낚았다. 스팸 눈을 속아 걷는 통에 기운이 곱으로 빠졌다. 나아가는 것보다 빠진 발을 빼는 데 시간이 훨씬 들었다. 우리는 자빠지고, 기고, 구르며 애먹었다. 마치 눈 뭉텅이가 된 것 같았다.

 물이 다 떨어져 눈을 먹기 시작했을 때는 초등학교 이학년 겨울방학이 떠올랐다. 마당에 쌓인 눈을 먹어도 혼나지 않던 시절이었다. 바위에 달린 고드름은 이제 한국에서는 못 먹는 맛이었다. 순간 처지도 잊고, 입에 가져다주고픈 사람들이 스쳤다. 어찌 됐든, 나를 버티게 하는 것들이 곳곳에 있었다.

 오 년의 군 생활 동안 열 번이 넘는 행군을 했다. 모두 완주했다. 더는 걸을 수 없을 것 같은 새벽을 참아내면 결국 아침이 왔다. 자면서도 걸을 줄 아는 다리였다. 그 다리가 끝내 절벽에 데려다주었다. 정말 혓바닥 모양이었다. 구름 맛을 보려는지, 힘주어 혀를 내밀고 있었다. 모든 능선과 피오르와 바위와 지평선이 자기 자리를 고요히 지키는 와중에 저만 튀어나와 자유를 외치고 있었다.

 왜 이렇게 슬픈지 알 길이 없어 준성을 껴안았다. 긴 포옹이었다. 그때 시간이 멈춘 것도 같았다. 가족과 친구들이 나를 염려할 거라 믿었다. 내가 아주 멀리 있다고 다시 느꼈다.

세상에서 제일 큰 혓바닥 위에서 처음 한 일은 아껴둔 초코바를 한입 베어 문 것이다. 무엇도 이토록 달고 강할 수 없다고 생각했다.

절벽 끄트머리로 가 절을 했다. 저릿한 다리 때문에 절로 신음하며, 한없이 작은 먼지 주제에 세상 무서운 줄 모르고 까불고 살았음을 고백했다. 항복하기 좋은 장소였다. 이제부터 내 종교는 이 절벽이었다.

모든 죄를 고하고 나자 속이 후련했다. 그리고 소망 하나를 빌고 일어났다.

작은 먼지 둘은 갑자기 정적에 휩싸였다. '하산'해야 함을 알았다. 늘 완주했던 다리가 서서히 영광을 잊으려 했다. 젖 먹던 힘을 끄집어낼 차례라고 느끼자 조금 전 감동이 다 사라졌다. 어찌저찌 첫발을 떼며 말했다.

좀비냐 우리. 준성이 마지못해 웃어주었다.

올라올 때보다 훨씬 자주 멈췄다. 그때마다 준성은 잠에 들었다. 나는 뺨을 때리며 밀려오는 졸음을 쫓았다. 가끔 뉴스나 영화에서 보던 히말라야 원정대가 생각났기 때문이다. 겁이 날라치면 준성이 옆에서 코를 골았다. 탱크가 있어 무섭지 않았다. 탱크는 역시 K 탱크.

햇볕에 오래 노출된 준성의 피부가 붉게 익고 있었다. 그렇게 선크림을 바르래도 귀찮다고 무시하더니, 입술도 파래서 어쩐지 죽은 사람 같았다. 무슨 꿈을 꾸는지 손과 입이 바쁘게 움직였다. 그저 악몽이 아니었으면 좋겠다고 바라다가, 가위에 눌리진 않을까 서둘러 깨웠다. 우리는 걷고 멈추고 양말 벗고 물 짜내고 말리고 신고 잠들고 깨우고 다시 걷고 멈추고 걸었다.

고드름을 내어준 바위가 보였다. 내가 뗀 것이 달려 있던 자리에는 다시 조그만 것이 자라고 있었다. 더 걸었다. 눈을 파먹은 자리도 그대로였다. 익숙한 것들을 보니 마음이 놓였다. 이제는 정말 지구에 있다고 믿을 수도 있었다. 백야인 이 나라는, 시계가 십구를 가리키는데도 여전히 하얬다.

많이 내려왔다는 생각이 들자 긴장이 풀렸다. 순간 머리가 핑 돌고 앞이 안 보이기 시작했다. 가방엔 먹을 것이 더는 없었고 사람 하나 보이지 않았다. 더 걸으면 안 되는 걸 알면서도 멈출 수 없었다. 체온이라도 떨어지면 보다 큰일이었다.

쓰러져 의식을 잃는 것이 그나마 자연스러운 거라고 단념하던 차에, 마치 아침 해처럼 지평선에 둥근 것들이 오르더니 점점 사람 모습을 띠었다.

 단념한 것을 다시 붙였다. 준성을 위해 내가 해야 할 일을 알았다.

 "익스큐즈 미, 위 아 얼모스트 다잉 벗 위 해브 나띵, 두유 해브 어 초콜릿 오어 스윗, 플리즈 헬프 어스" 한 번 더 "플리즈..." 빠르게 말한 영어였다.

 서양인들이 더 빠르게 초콜릿과 아몬드를 한 움큼 쥐여주고, 필요하면 더 가져가라고 아예 봉지째 주었다. 동방예의지국 국민으로서 마다해야 했지만, 민족성을 이겨낸 굶주림이 배에 걸려 있었다. 그들도 우리를 인간보다는 좀비에 가깝게 보았을 거라 생각하니 마음이 편했다. 준성에게 내 것의 한 움큼을 더 쥐여주고 뿌듯했다. 죽어가는 우리를 살렸다며 그들에게 진심으로 행복과 행운을 빌어주고 돌아서 걸었다. 이름도 묻지 못한 것이 내내 미안했다.

 젖 먹던 힘, 용기, 패기, 끈기, 극기 그리고 너머에는 태초에 당이 있었다. 몸에 당이 내려오자, 숨이 쉬어졌다. 걸었고, 보였고, 미소가 지어졌다. 당은 전능했다.

 기진한 몸을 이끌며 세 시간을 더 걸었다. 쏟아지는

졸음을 물리치는 중에 익숙한 글씨가 보였다.

가이드 없이 등반하지 마시오.

여전히 굵고 빨갰다. 열여섯 시간 만이었다. 새벽에 둘이 품었던 호기는 거기 없었다.

완전히 하산해서 준성을 다시 안았다. 이번에도 긴 포옹이었다. 시계는 이십이를 가리켰다. 이제야 백야가 물러갈 준비를 했다.

곧바로 주차장을 빠져나갔다. 액셀과 브레이크를 오가는 발이 애를 먹는 사이, 윤곽이 마저 남은 트롤퉁가가 사이드미러에 나왔다 사라졌다 했다.

한국에 오자마자 준성은 피부과에 갔다. 나는 한동안 잘 걷지 못했다. 자려고 눈을 감으면 설산에서 고립됐고, 아무도 구하러 오지 않아 놀라서 깨는 밤이 많았다. 후유증은 오래갔다. 오월 중순이었는데, 이듬해 겨울까지 지독한 기침을 달았다.

먼지처럼 부유하며 살겠다는 다짐은 오래가지 못했다. 또 세상의 중심인 듯 굴었고, 마음에 안들면 또 화를 내고 사람을 미워하고 또 버렸다. 당연히 절벽은 소망을 구현해 주지 않았다.

다시 낮게 엎드려 항복해야겠다. 먼지로 돌아가 화내지 말고, 미워하지 말고, 버리지 말고, 단지 부유하기로.

아이젠을 신고 초콜릿과 단것을 넉넉히 챙기고 동생에게 줄 아몬드 한 줌도!

문득 준성은 자꾸만 잠이 들던 때 무슨 꿈을 꾼 건지 궁금해졌다.

동영

 중 삼, 새 학기가 시작되고 얼마 되지 않아 따돌림당하는 것을 알았다. 외로움이 생각보다 빠르게 찾아왔다. 마음이 소란스러워 잠에 들지 못했다. 일요일 밤은 더 길게 느껴졌다. 몸을 피곤하게 해서라도 잠에 들어야겠다고 생각해 농구공 하나를 사서 무작정 동네 농구장으로 갔다. 매일 드리블을 하고, 점프하고, 슛을 쐈다. 오로지 밤에 잠에 들기 위해 모든 힘을 썼다.

 음성고에 전학 온 지 며칠 되지 않아 아직 어색할 때였다. 쉬는 시간마다 이 반 저 반 돌아다니느라 바쁜 아이는 쾌활한 성격을 가졌다는 것을 금방 알았다. 멀찍이 떨어져 있는데도 그에게 안정감을 느꼈다. 내게 필요한 것이라는 생각에 붙잡고 인사를 건넸다. 통성명하니, 내 이름의 마지막이 그의 처음이라서 더욱 안전하게 느꼈다. 그 후로 내 뒤엔 늘 그가 있었다.

 동영이는 나만큼이나 농구를 즐겨 했다. 키는 나보다 오센티 정도 작았지만 힘이 세고 빨라서 일대일 상대로 맞춤이었다. 늘 최선을 다하는 아이였다. 점수 차가 많이 벌어져도 쉽게 포기하지 않았다. 잠깐 마음 놓을라 치면 어느새 내 점수에 따라붙어 있거나, 지더라도 끝까지 다 해보고 졌다. 아니다 싶으면 금방 놓아버리는 나와는 태생부터 달랐다. 음료수 내기에 기꺼이 목숨을 거는 그 아이는, 잠에 들기 위해 농구를 하던 나에게 경쟁의 즐거움을 알려주었다. 아니, 그것은 학창 시절의 즐거움이었다. 동영이와 농구를 할 수 있는 것 만으로 이 고등학교에 온 것이 다행이라 생각했다.

이 학년이 되고부터 동영이는 나보다 농구를 더 잘하게 되었다. 약이 올라 매번 반칙을 해서 억지로 접전을 만들었다. 동영인 정말 모른 건지 모른 척한 건지, 한 번도 반칙을 선언하지 않았다. 이기는 건 언제나 동영이었다.

군대에서 전역하고 경기도에 있는 음대에 입학했다. 동영인 여전히 음성에 사는 것 같았다. 새로운 친구를 사귀고 낯선 환경에 적응해 가는 동안 우린 자연스럽게 멀어졌다.

잊었던 사람에게 오랜만에 연락이 왔다. 문자였다. 거

기에 적힌 날짜에 적힌 장소로 찾아가 검은 옷을 입고 있는 그를 보고 절을 했다. 엎드려 있던 짧은 시간 수많은 생각이 스쳤다. 나의 어색했던 쉬는 시간, 그의 신난 얼굴, 우리의 통성명이.

그의 왼쪽에는 내게 맛있는 밥을 차려주시던 분의 사진이 놓여 있었다. 슬픔을 온전히 달래줄 수는 없지만 무거운 숨을 나눠 쉬고 싶었다. 그의 일상을 조금 이르게 돌려주고 싶었다. 그의 어머니가 발인한 날부터 그에게 꾸준히 연락했다. 더 안부를 묻고, 자주 여행을 가고, 더 자주 곁을 주었다.

무엇보다 농구를 많이 했다. 일주일에 한 번은 무조건이었고, 주중에도 그의 퇴근 시간에 만나서 자정에 가깝도록 땀을 흘렸다. 동영인 예전처럼 빠르지도, 힘이 세지도 않아 조금만 애쓰면 반칙 없이도 이길 수 있었다. 그럴 때마다 왠지 그가 사는 시간이 내 것보다 빠르게 흐르는 것 같아 씁쓸했다.

동영이 어머니의 부재는 우리를 더욱 가깝게 해주었다. 가족의 빈자리를 다 채울 순 없지만 내 몫으로 조금은 채워지고 있는 것 같아 안도했다.

 십 년이 더 흘러 서른일곱이 되었다. 전처럼 마음껏 점프하지 못하는 나이. 한 살씩 늘면서 원래 나와 함께였던 것들과 점점 멀어진다. 농구가 그렇고 동영이가 그렇다.

 일주일에 한 번은 함께 밥을 먹었다. 동영인 옷에 묻은 먼지를 툭툭 털며 식당에 들어와 오늘이 제일 바빴다고 말하곤 했다. 이내 음식이 나오면 첫 공기를 허겁지겁 해치우고 여기 밥 하나요, 하는 모습도 못 본 지 오래다. 더는 천천히 먹으라는 타박도 못 한다.
 어떠한 이유로 우리는 다퉜고 한동안 보지 못했다. 동영일 미워하다가도 가끔 궁금해하며 지낸다. 그도 그럴까. 알고 싶다.

 따돌림을 당한 건 예민한 성격 탓이었다. 그 때문에 모든 학창 시절은 외로웠고, 진 빠지고, 더뎠다. 원흉인 내가 너무 미웠다. 나는 누구와도 어울리지 못하는 사람이라고 생각하던 때, 동영에게 손 내민 것이다. 그가 잡은 건 어쩌면 살려달라는 요청이었다. 그는 그것도 모르고 넙죽 잡았다. 나는 동영이 덕에 남은 학창 시절을 죽지 않고 보냈다.

 힘든 시기를 마주한 동영에게 비슷한 것을 주고 싶었다. 그에게 따개비같이 들러붙은 피로들을 떼주고 싶었다. 불을 환히 켜둔, 돌아갈 집이 있는 사람인 것을 꼭 알려주고 싶었다. 하지만 그러지 못했다는 확신이 든다. 모두 내 착각이었다. 친구라는 이름으로 함께한 모든 시간에서 동영인 나를 돌봤고, 나도 나를 돌봤다.

 동영인 내가 어떻게 움직일지 다 알았다. 드리블인지 돌파인지 점프슛을 할지 속일지. 지친 걸 들킬까 봐 숨도 꾹 참았다. 지금도 전화길 들고 망설이는 나를, 나도 이해하지 못하는 나를, 그는 아는 듯하다. 내가 했던 모든 반칙도 그는 알았다.

 낮잠을 자다가 꿈을 꿨다. 거기서 동영을 만났다. 얼굴은 마지막에 본 대로 비슷했다. 선크림을 게을리했는지 전보다 주근깨가 많았고, 얼굴이 핼쑥했다.
 농구를 한판 했다. 내가 졌다. 동영인 원래 자리로 돌아가기 위해 최선을 다했다고 말하곤 등을 돌려 걸었다.

동영, 내가 사귄 단 하나의 친구. 이제 그는 내 앞에 있었다.

리아

시계가 못 자서 불쌍하다고 했다.
하품을 안 하니 졸린 건 아니라고 했다.
귀뚜라미 우는 소리는 크니까 아주 슬픈가 보다 했다.
낮에는 안 우니까 기분이 좋은 거라 했다.

리아는 겨울이 왔으니 해가 추워서 늦잠을 잔다고 했다.
아침에 푹 자고 밤이 되면 뜰 거라고 했다.

피아노 왼쪽은 목소리가 큰 거고
오른쪽은 속삭이는 거라고 했다.
내 손에 낙엽 세 장을 쥐여주고는
삼촌, 무궁화야 라고 했다.

더큰잠

 축소시킨 곰 발바닥을 가지고 사는 동물이 있다. 종일 그것으로 발소릴 내더니 모두 일을 멈추고 내 몸에 걸쳤다. 그리고 잠든 바람에 나는 몸을 전혀 움직일 수가 없다. 귀가 한껏 열린 이 동물의 단잠을 정말로 깨우기가 싫어 좀 전부터는 부스럭대지도 않는다. 눈꺼풀이 호수처럼 깊은 눈동자를 가려 서운하기도 하다.
 들숨에 풍선처럼 부푼다 해도 작고, 날숨에 가라앉아도 여전히 작아 가엾기도 한 몸뚱이를 어찌 사랑하지 않을 수 있을까. 문득 소리쳐 자랑하고 싶다.
 애 좀 봐봐요. 동네 사람들. 애 좀 보고 나면 더는 보석 가게에 가지 않아도 된다니까요. 기쁘게 하는 게 여기 있는데 거긴 뭐 하러 가요!

 행여 내가 돌아오지 않는 꿈을 꾸진 않을까. 꼬리라도 자꾸 만져준다. 거기엔 기분 세 개가 들어 있다. 모양을 달리해 유용하게 쓰곤 한다.
 뿔난 듯 위로 솟은 모양은 나도 주로 쓰는 것 중 하나다. 침입자가 나타날 때나 제 분을 못 이길 때 쓴다. 나도 오늘 몇 차례 쓴 것 같다. 이 녀석에게 그랬고 아버지에게도 그랬다.

 아래로 축 내려간 모양은 내 것과 비슷한 듯 다르다. 녀석의 모양은 구슬퍼 안아주고 싶지만 내 모양은 위태롭고 지긋지긋해 다들 멀리한다.

 마지막, 흔들리는 모양은 가끔 요술을 부린다. 아래로 축 말려 있다가도 위로 곧게 섰다가도 녀석이 좋아하는 목줄을 내밀면 짠, 하고 프로펠러가 된다. 프로펠러 모양이 나에겐 없다는 거다. 한때 있었던 것도 같지만 이제는 기껏해야 부채질처럼 살랑대고 마는 정도다.

 꼬리에 들어 있는 것은 이렇게 세 개다. 녀석은 세 개로 산다. 날 때도 세 개, 죽을 때도 세 개.

 열 개도 넘는 기분을 가진 나는 그럼 꼬리가 몇 개란 건가. 이 동물이 태어났을 때 꼬리를 잘라야 보기 이쁘다던 사람들의 말을 못 들은체한 것이 얼마나 다행인지 모르겠다.

 강아지 잔다. 오늘은 내 배게를 지가 더 점했다.
작은 몸이 크게도 잔다.

천사들의 보금자리

 아침부터 많은 눈이 내렸다. 기온이 높아 그런지 바닥에 눈이 쌓이지는 않았다. 오랜만에 신은 장화가 조금 작게 느껴져 걷는 내내 불편했다. 지난해 시월 마지막 날에 들른 후로 석 달 만이다. 그리고 오늘은 아이들을 만난 지 사 년째 되는 날이다.

 사 년 전 오늘, 가장 먼저 달려온 아이가 여전히 그래서 마음이 놓였다.
 이름은 카레. 갈색과 하얀색 털이 골고루 섞여 꼭 흰밥 위에 카레가 올려진 것 같다. 지난밤 동안 기다린 사람이 나라는 듯이 카레는 달려온다. 몸에 조바심이 들어 있어 멈춰야 할 지점을 몰라 늘 미끄러진다. 흩날리는 털은 이 아이의 성질처럼 부드럽다. 항상 웃는 얼굴로 꼭 무언가 말해주길 기다리는 것처럼 카레는 눈을 본다. 익히 밴 행동 같다. 한 시도 가만 못 있는 카레를 보고 소장님은 "그래도 카레는 순수해"라고 했었다.

 꼬리네 가족이 살던 자리에는 이제 다른 아이가 살고 있다. 바뀐 이름표를 보았지만, 여전히 꼬리라고 불렀다.

 뭉치는 몸집이 큰 아이 중 하나다. 밥을 주러 들어가면 놀자는 줄 알고 달려들었다. 종종 다리를 물 때가 있었다. 자기 딴에는 장난을 쳤을 텐데 장화가 찢길 정도의 세기였다. 너무 아픈 나머지 뭉치를 밀치고 화를 냈다. 그때 차곡차곡 쌓은 성냥을 스스로 무너트린 것 같아 안타까웠다. 뭉치의 이빨은 어딘가로 날아갔는지 아무리 다리를 물어도 이젠 아프지 않다.

 한쪽 눈이 없는 은혜는 유독 밥그릇에 집착한다. 사방이 막혀 있어 누구도 자기 밥그릇에 닿을 수 없다는 걸 모르는지 밥을 먹지 않을 때도 그 앞을 지킨다.

 오늘도 씹고 먹을 것을 찾아다니는 퍼스트는 전보다 살이 찐 것 같다.

 이십 일 년 아주아주 추웠던 이월에, 녹슨 창고 문을 연 것을 곧장 후회했다. 그것이 낸 소리는 꼭 전쟁의 신호탄 같았다. 여태껏 평화롭게 이어진 선 하나를 방금 넘은 것처럼 대포 같은 소리가 나를 향해 날아오기 시작했다. 큰아이도, 작은아이도 모두 자기들이 낼 수 있는 가장 큰 소리를 냈다. 어찌나 짖어대는지, 그들의 목구멍 걱정을 해야 했다. 안절부절못하는 사이, 훗날 승으로 불릴 보호소 직원이 내 손에 대걸레 하나를 쥐여주고 어딘가를 가리키며 닦으시면 돼요, 라고 했다.

공기만큼이나 차가운 말투였다. 오줌으로 언 바닥을 닦으며 애써 아무것도 들리지 않는 척을 했지만, 귀가 저절로 기울여지는 바람에 몸이 움찔대는 것은 어쩔 수 없었다. 다음에 올 때는 귀마개를 챙겨올지 생각했다.

승의 이야기를 해야겠다. 승이, 첫날 닦으시면 돼요. 와 같은 종류의 말 이외에 본인의 목소리를 꺼낸 건 겨울이 지나서였다. 배식이 끝난 오후 모든 아이가 낮잠에 들면 우리는 이따금 대화했다. 승은 한쪽 귀를 가까이에 가져다 대야만 들릴 정도로 고요한 사람이었다. 간혹 잠에서 깬 아이가 홀로 짖는 소리로 오후의 평화가 깨졌을 때, 왜 승이 작게 말하게 되었는지를 알았다.

그는 나보다 세 살이 어리고 삼 년 전부터 이 일을 한 모양이었다. 늘 충혈된 눈과 면도 되지 않은 턱으로 피로를 드러냈지만, 나는 왠지 그가 하고 싶은 일을 하는 사람 같았다.

 승은 몇 해 전, 봉사자로 이곳을 처음 찾았다고 했다. 다리가 세 개인 빽순이를 본 후 대부 후원을 시작했고 어쩌다 보니 직원까지 이르게 됐단다. 그는 이 일이 좋고 보람을 느낀다고 했다. 어쩐지 마음이 놓였다.

 우리는 한 번에 모든 걸 말하지 않고 드문드문 시간 날 때 서로의 이야기를 꺼냈다. 영화 이야기를 먼저 꺼낸 건 승이었다. 그는 유명한 영화들을 거론하며 혹시 보았는지 내게 물었다. 거의 본 것들이어서 좋았다, 별로였다, 승이 좋아할 것 같다, 안 좋아할 것 같다 등의 의견을 주었지만, 승이 나중에 챙겨볼 거라는 생각은 들지 않았다. 그는 그렇게 말을 거는 사람이었다. 하필 화제가 영화였을 뿐.

 명절엔 집에 다녀왔는지, 주말엔 무엇을 했는지, 내가 오랜만에 얼굴을 비추면 그간 일이 있었는지를 물었다. 대답을 마치고 승에게도 같은 질문을 했다.
 그의 일상은 늘 같았다. 미안한 마음이 들어 다른 질문을 생각해 내곤 했다. 승은 푸쉬업 몇 개해요, 추운 것보다 더운 게 나아요, 여기 비 오면 운치 있겠다 그

쵸. 이런 종류의 질문들이었다. 할 말이 생긴 승은 곧 아이처럼 말이 많아졌다. 그럼 나는 일을 다 마치고도 한참을 머물러 있다가 떠났다. 그가 보통의 행복을 누리는 것 같아 뿌듯했다.

승은 일하면서 노래를 흥얼거릴 줄도 아는 사람이었다. 다만 내가 아는 가사와 달라서 그게 그 노래인지 헷갈릴 때가 있었다. 나중에 내가 노래 만드는 사람이라는 걸 알고 그가 했던 질문들은 수십 개가 넘는다. 마치 달팽이처럼 잠깐 나왔다 이내 들어가 버리던 승은 언젠가 껍데기를 버리고 나와 따뜻한 햇살 아래 한참 동안 살아온 이야기를 전부 들려주었다.

집으로 가는 길에 사람과 말을 주고받고 싶었을 승을 연민했다.

바다는 내가 후원하는 예쁜 아이다. 흰자위 말고는 모든 것이 까만 바다는 마치 그림자처럼 사람을 따라다닌다. 누구나 그런 바다를 안는다. 바다는 품으로 얼굴을 묻고 콧구멍에 새로운 냄새를 채운다. 윤이 나는 바다의 까만 털은 볕에 반사돼 가끔 눈이 부시다. 그럼 꼭 만져봐야 할 것 같아서 하던 일을 멈추고 바다에 풍덩 빠지곤 했다.

나를 늘어트린 바다는 이내 어딘가에서 잔잔하고 조용히 있는다. 정신을 차리면 늘 훌쩍 시간이 지나있었다. 바다의 이름은 강이 더 어울린다고 생각했다.

이빨에 충치가 심해 병원에 데려가 치료를 시켜준 적이 있다. 수술 전날 금식을 해야 한다는 말에 바다를 집으로 데려와 하룻밤을 보냈다. 현관문 앞에 멈춰서 발을 들이질 않고 낑낑대던 바다는 미리 챙겨온 소장님 옷의 냄새를 맡고서야 고목 같은 발을 떼었다. 저녁에 따뜻한 물로 바다를 씻겼다. 거의 힘을 들이지 않았을 정도로 얌전했다.

서글픈 소리가 거실을 가득 채웠다. 몸을 수그린 채 현관문을 바라보던 바다가 울음을 그친 것은 막 동이 트는 때였다. 깜빡 잠들었다 깬 나는 집을 채우던 소리가 사라진 것을 알았다. 고요히 잠든 바다는 역시 강이 더 어울렸다.

베리는 천둥이 치는 날에 집을 부수고 보호소를 탈출한다. 아무리 견고하게 막아도 힘이 센 베리는 다시 부순다. 베리는 며칠을 헤매다가도 천둥이 그치면 돌아온다.

미소는 매번 이불을 뜯어 솜으로 안이 채워졌다는 걸 확인하고, 콜라는 이유도 없이 친구들의 옷을 모조리 벗긴다.

 몸집이 작은 아이들이 모여 사는 방의 주인은 소장님이다. 소장님의 룸메이트들은 매일 먹을 걸 달라고 조른다. 소장님은 본인이 먹을 음식을 조금씩 떼 그들의 허기를 채워 주고 적게 식사한다. 귀가 아프지 않을 때는 허리가 아프고 동시에 아플 때도 종종 있다.
 아이들이 하나씩 떠날 때마다 직접 아이를 가슴으로 떠받고 화장터에 간다. 방에 놓인 캐비닛에는 거기서 돌아온 아이들이 깊은 잠을 자고 있다. 그는 오래된 가요나 구성진 트로트를 틀어 놓고 울음을 꾹 누른 채 오지 않는 잠을 청한다. 마침내 잠이 들면 꿈속에서 누구보다 행복하다. 아마 그럴 것이다.

 순식간에 반나절이 지났다. 휙휙 내리던 눈들이 자취를 감췄다. 전날 내린 눈까지 다 녹은 길은 아침보다 넓어진 듯했다. 승이 내 손에 쥐여준 초코바를 한입 물었다.
 장화가 원래대로 늘어났는지 걷기가 편했다.

장화

이십 대 절반은 군화가 내 신발
언제나 더러웠다
막 걷고 막 밟고 막 뛰고 그랬다
인제 와 생각해 보니 내 옆, 내 옆에 옆, 주위 온통 다
그걸 신어서 더러운 건지도 몰랐다
당연하다고 생각했다
그때 전우들과 밟고 지난 곳들은
조금이라도 안전하고 깨끗해졌을까
오늘 장화를 빨면서 비슷한 생각이 들었다
이제는 너와 나란히 신은 장화로
다시 더러운 델 지나는 거라고
더 자주 흙 밟고 똥 밟자
우리가 대신 그렇게 하자
그럼 세상은 더 깨끗하고 따뜻해질 거야
발은 내가 오래도록 주물러 줄게
우리는 신발처럼 살아갈 거야
우리가 장화야

풀

 빌라 주차장에 이름 모를 잡초가 자란다. 지난여름에 밑동까지 잘랐는데 어느새 내 키만큼 또 자랐다. 크고자 하는 건 잘라봤자 소용이 없다. 기필코 자란다.

 내 마음에도 잡초가 자랐다.
 공연.
 매번 잘랐었다. 그대로 두면 안 된다고 생각했다. 하지만 다음번엔 더 크게 자라서 기어이 마음에 우거지고 말았다.

 욕심을 기르면 가끔은 냄새가 나기도 한다. 내 것은 쿰쿰한 곰팡내를 가져와 밤마다 괴롭혔다.

 수도권에 올라온 후로 늘 반지하에 있었다. 잠도 반지하에서 자고, 먹는 것, 웃는 것도 다 거기였다. 노래도 반지하에서 만들었다. 그래서인지 늘 습기 머금은 가사들만 쓰였다. 무더운 여름, 반지하에서 합주할 때 온몸이 끈적해 수없이 세수했다.
 첫 녹음도, 공연도 다 거기였다. 음악을 그만두지 않

는 한 반지하를 떠날 수가 없을 것 같았다. 내게 밴 곰팡내는 곧 명함이었다. 이 사회에서 나는 직업이 있는 것도 아니고, 없는 것도 아닌 절반에 있는 사람이었다.

아르바이트 해서 모은 돈으로 문신을 했다. 자꾸 지상으로 가려는 마음을 붙잡고 싶었다. 얼굴 외에 가장 잘 보이는 곳에 새기고, 이틀 아팠다. 목은 살이 너무 연해서 바늘을 받아내기가 여간 고통스러운 일이 아니었다.

목을 감싸던 랩을 벗기자, 무심하게 둘려진 세 줄이 나타났다. 꼭 누군가의 주름을 목이 빨아들인 것 같았다. 이리도 깊고 선명한 주름이 있는 그 사람은 속이 썩은 채 살았겠구나. 그 사람을, 거울을 볼 때마다 염려했다.

올겨울에 심리 상담을 받았다. 나더러 마음에 피는 것들을 억누르기 어려운 사람이라고 했다. 마음에 아무것도 피지 않으면 죽은 거나 다름없다고 했다.

결심한 건 다음 해 봄이었다. 이제는 숲이 된 것을 어찌할 수가 없었다. 한편으론 마음에 그대로 두길 잘했다고 생각했다. 마지막을 앞에 붙이자 더욱 완벽했다.

매일 밤 욕심에서 풍기던 풀 냄새들이 어딘가로 데려왔다.

마지막 공연을 해야겠다. 크고자 하는 마음을 잘라도 소용이 없다.

수현

 수현은 늘 숨었다. 이불로 숨고, 싱크대 밑으로 숨고, 장롱, 세탁기 안으로 숨었다. 작은 몸이 다 숨겨지면 내내 혼잣말을 했다. 그럼 괜찮아졌다.
 수현은 디자이너가 되고 싶었다. 바라던 대로 상경했다. 감동은 없었다. 서둘러 생활을 꾸려야 했기 때문이다. 종일 미싱질해서 돈을 벌었다. 눈을 감고도 옷을 꿰매던 수현은, 새는 주머니에는 좀처럼 수월치 못했다. 배가 비어도 토할 수 있다는 사실을 알게 됐다. 허공에다 손가락으로, 내 달 생활비를 계산하다가 잠에 들었다.

 디자이너가 된 수현은 허공에 손짓하고 혼잣말하는 버릇이 생겼다. 여지껏 울음을 터뜨리지는 않는다. 수현은 단지 살았다. 수현은 아름다운 버릇을 가진 채 산다.

울타리여우

 쏟아질 듯한 별을 보다 밤을 지새웠다. 어느새 날이 밝았다. 안 잔 줄 알았는데 고새 잠이 들었나 보다. 침낭 주위로 사람의 것이 아닌 발자국이 여러 개 나 있었다. 오고 간 것들이었다.

 사막여우가 범인이라고 현지인이 대수롭지 않게 말했다. 입으론 호탕한 척 웃음 소릴 냈고 머리로 맹수의 생김새를 떠올렸다. 손으론 혹시 뜯긴 곳이 없는지 몸을 더듬었다.
 궁금했다. 녀석들은 어떻게 생겼고 왜 여기 사는지, 사막이 집이라서 사막여우인 건지도.

 한국에 들어와 동물원에 갔다. 궁금했던 사막여우를 봤다. 짐작과 다르게 예쁘게 생겨 놀랐다. 현지인이 괜히 대수롭던 게 아니었다.
 그런데 그 울타리 안이 마치 서울 땅처럼 발 디딜 틈 하나 없이 좁았다. 서로 공간을 차지하겠다고 싸우는 녀석들도 있었다. 몇 마리는 나무 위에서 몇 마리는 땅에 굴을 파서 쉬고 있었다.

사막여우가 아니라 울타리 여우라야 맞았다.

집을 잃은 건지 아니면 애초에 없는 건지, 왜 여기 사는지 이번에도 묻고 싶었다. 좁은데 뒤섞여 성난 채 사는 가짜 사막여우들을 보고 있으니 가슴이 답답해졌다. 더 머물지 못하고 발길을 돌려 집으로 오는 데 깨달았다. 나는 나를 보러 동물원에 간 거다.

창

 아침에 일어나 바깥소리를 듣는다. 이 나라 사람들의 말소리는 각지고 날카롭지만 도로에 기름을 바른 듯 차의 바퀴 소리는 부드럽다. 버즘나무 흔들리는 소리와 달리기하는 사람들이 뱉는 거친 숨소리까지 섞여서 듣기 괜찮다.

 그대로 오후가 되었다. 도시가 내는 소음이 대뜸 커졌다. 아스팔트를 파내는 두껍고 뭉툭한 고동이 쇳덩이를 자르는 얇고 날카로운 굉음을 만났다. 둘은 마치 베이스와 색소폰이 주고받는 재즈 솔로 같았다. 함께할 땐 높은 것이 더 많이 들렸다. 사람 많은 식당에서 주문은 여자가 해야 유리하다는 누군가의 말이 떠올랐다.

 소음이 창으로 직접 들어오다가 한 번씩 세기가 약해질 때야 건너편 건물의 존재를 알았다. 커다란 직사각형은 특별히 아름답진 않고 한눈에도 낡고 바랬지만, 과장해서 몇백년은 거뜬히 제자리에 버틴 것 같았다. 누런 빛깔을 띤 외벽은 멀끔하기까지 해서 소리뿐 아니라 세월마저도 다 튕겨내는 듯했다.

주스를 따르던 나현이 왜 창가에만 있느냐 묻는다. 왜 그런지 알 수 없어 아무 대답 않았다.

창에 달린 하얀 커튼이 바람에 들어 올려질 때마다 빛이 부서져 들어와 의자에 머문다. 그 얇고 긴 폭으로 먼지들이 조용히 부유한다. 마침 벌 한 마리가 바람을 맞고 붕붕 댄다. 살고자 하는 소리는 이런 것일까.

떠나올 때 한국은 무더웠는데, 여기에 계절은 벌써 가을이다. 고민을 버리려고 한국을 떠나왔으나 속은 여전히 시끄럽다. 나는 나를 떠날 수가 없나 보다.
창은 들이기만 할 뿐 내보내는 건 없었다.

행복은 사고

 시월이 되면 찬 바람이 불고 찬 바람이 불면 낯선 나라에서 보낸 석 달의 생활이 떠오른다. 이런 게 일어난다. 사고처럼. 갑자기.

- 칠 년 전, 십일월, 파리

 혼자라는 건 혼자가 돼야 안다. 못 알아듣겠는 말과 낯선 냄새, 날씨, 입에도 대지 않던 밀가루 음식, 처음 보는 라디에이터라는 기계.
 아는 얼굴 내 소유인 것 하나 없어서, 너무 외롭고 외로우니까 누워 있고 누워만 있어 상했던 나는
 그래 그때 혼자였다.

 상한 내게도 밤은 오고 곧 바깥은 내가 제일 좋아하는 주황색으로 옷을 갈아입었다.
 그럼 제일 좋아했던 노란 잠바를 입고 제일 좋아하는 사람을 마중 나갔다. 그 길을 잊지 못한다. 잊을 수도 없고.

올림피아드 역 삼번 출구. 올라오는 너 보이면, 나 결코 혼자가 아님을 알았다. 그러면 행복이 사고처럼 갑자기 일어난다.

다시 돌아가면 눈을 감고도 길을 찾을 수 있다. 소중해서 외워 놨으니까.
혼자가 돼야 안다. 행복은 사고처럼 일어난다는 것을.

네모

직선은 시간 평행은 서로
면은 여행 모서리는 분위기

마음대로 사라지고 싶다가도
동시에 힘껏 남겨지고 싶어

다치고 싶다가도
강해지고 싶어

깨어나면 기절하고 싶었는데
기절하면 깨어나고 싶어졌어

오늘도 나는 네모를 기다려
오전보다는 오후에서

식물인간

 아이에게 사탕을 줬다가 도로 뺏으면 너무나 슬퍼한다. 얼른 까서 먹을지 천천히 아껴 먹을지 행복한 고민을 했을 것이다. 애초에 사탕을 쥐여 주지 않았다면 슬픔도 없을 텐데.

 음악을 내고 얼마 되지 않아 사탕을 주는 사람이 많아졌다. 그들이 준 것이 무척 달콤해서 혼자 다 먹었다. 나눠야 하는지 몰랐다. 사탕을 입에 물지 않고는 단 하루도 보낼 수 없었다.
 그러던 어느 날 사탕을 모두 빼앗겼다.

 지민이는 시와 우주를 참 좋아했다. 여행 때문에 맡긴 삼주 동안 많이 가까워졌나 보다. 헤어질 날이 다가오면서 지민이는 자주 울었다고 한다. 빼앗기는 기분이 들어 슬펐단다.

 물인 사람들이 있다. 나현이가 나에게 물이고 지민이의 물은 누나와 매형이다.
 물은 맛도 없고, 손만 뻗으면 늘 어딘가에 있으니까

먹어도 먹어도 줄지 않으니까 소중한 줄 몰랐다.

사탕을 모조리 빼앗겼을 때 금단현상이 왔다. 열이 펄펄 끓고 시름시름 앓았다. 죽기 직전 나를 살린 건 물 한 모금이었다.

이제 물을 많이 마신다. 더는 단것을 찾지 않는다.

지민이도 하루하루 마시는 물이 많아졌으면 좋겠다. 잠깐 스친 시와우주의 사탕보다 구 년을 빠짐없이 마신 엄마 아빠의 물이 더 맛있다는 걸 알았으면 좋겠다.

세상 사람들이 물을 많이 마셨으면 좋겠다. 아니, 차가운 글을 쓰는 사람들. 그들이 물을 자주 마셨으면 좋겠다. 그래서 글을 적을 때 손이 뜨거웠으면 좋겠다. 문득 놀라서 멈출 수 있을 만큼.

물 마시러 가야겠다.

노르웨이일기

I

비행기 탄 지 열두시간이 되어 간다. 오랜만에 타서 그런지, 작은 의자와 비행기 소음을 견디기 힘들다. 조금 전부터는 숨도 막힌다. 러시아가 전쟁하는 바람에 비행기는 카자흐스탄을 거치고 있다.

너 없는 하늘은 왠지 시간이 더 느린 것 같다. 잠은 오지 않고 머릿속은 삐뚤빼뚤한데 창밖에 구름은 일자로 반듯하다. 너는 이 아래 있겠구나.

II

정말 어디에나 집이 있다. 언덕 위 끊어질 듯 이어진 가여운 길 위에도 주인의 고달픔을 빼닮은 집이 정말 우두커니 있다.

모든 건 나무로 만들어졌다. 오랜 시간 이대로 있었다고 힘주어 말하듯 딱딱하고 무심하다. 아직 집이 안 된 나무들은 곁을 지키는 기사 같다. 내가 너에게 그렇듯, 네가 내게 그렇듯.

몇 시간 걸어 보고 이곳은 내게 벅차다는 걸 알았다. 눈에 다 담을 수 없고 마음에도 그렇다. 아무래도 너와 나눠 담아야 할 것 같다.

춥다. 얼지 않으려 널 생각한다. 번뜩 볕이 나서 몸을 데웠다. 고맙다 어디서든 구원해 줘서.

III

밤사이 많은 눈이 왔다. 오늘 숙소를 떠나야 하는데 발이 묶일 만큼 많이, 많이 왔다. 되려 반갑다. 나는 여기 더 있고 싶었다.

어제와 오늘은 정적과 싸우고 있다. 처음엔 지는 것 같았는데 오늘 새벽부터는 조금씩 이기는 것 같다. 이곳에서 시간이 끝날 즈음 정적은 내게 아무것도 아닌 적이 되어 있을까.

오늘은 너에게 행복한 소란이 일도록 기도하고 잠들어야겠다.

IV

짐노페디아를 몇 번이나 들었는지 모르겠다. 어떤 음악보다 이곳과 잘 어울리는 것 같다.

오늘 새 숙소에서 친구가 생겼다. 욘센. 문 앞에 웅크리고 있다가 내가 나오니 반갑게 인사를 해줬다. 만져주니까 품에 파고들었다. 계속 내게 비비다 말고 갑자기 주인에게 돌아갔다. 남기고 간 희끗희끗한 털을 보니 괜히 서운하고 더 보고 싶어졌다. 노르웨이 고양이들은 사람에게 적대심이 없는 것 같다. 떠났는데도 아직 품이 따뜻한 걸 보니 이들은 온도가 높다.

V

오늘은 빙하를 봤다. 마주 서면 내 모든 용기가 부끄러울 만큼 거대하고 찬란한 것이 이제는 조금씩 작아진단다. 하필 녹는 것들은 모두 이쁘다.

마을에 들면 양들이 풀을 뜯고, 엄마가 아기를 자전거에 태워 산책하고, 여기선 저녁이라는 열시가 되어야 멀리 선 하나가 푸른 땅과 빨간 하늘을 적절히 나눈다.
모든 걸음은 느리고 시간이 제일 빠르다. 너도 알고 있겠지만 이런 것들 속에서 나는 당연히 사랑을 생각한다. 아름다운 것을 보면 언제나 그렇듯 제일 먼저.
너를 생각한다.

VI

탱고, 우리의 춤!
나는 점점 낮은 템포로 여행한다.

걷긴 하는데 바람이 밀어주는 대로 몸을 맡기고, 반나절 운전은 하는데 거대한 산과 끝없는 땅이 알아서 데리고 다닌다.

길 위 하늘 아래서 내가 어떤 몸부림을 쳐도 아무도 관심이 없다. 신들만이 내 놀이를 봐주는 것 같다.

언제부턴가 나는 한국에서 춤사위도 않고 멍청히 작아지지만 사실 난 아직 크다는 걸 알았다.

다시 한국에 가면 어떤 동작도 서슴지 않으련다. 나 다시 커지려면 네가 내 손을 잡아야 한다. 손가락 하나쯤 별을 짚어도 남은 건 모두 날 붙들어, 탱고를 추자

VII

시간이 많이 지났다고 생각했는데 겨우 일주일이다. 어떻게 된 건지 시간을 감아 보았다.

첫날이던가 산과 호수의 색깔이 마음에 들어 천천히 걸었고, 예쁜 숲에 자란 나무의 자태에 놀라 종종 멈췄다.

다음날, 그다음 날은 새벽같이 일어나 사납디사나운 노르웨이 냉기에 맞서 터벅터벅 산책했다. 온몸이 차가워져 돌아와서는 마시지 않던 커피를 마시고 소파에 누워, 목초지가 든 창문에 시선을 둔 채 잠이 들었다.

이 동네 저 동네 운전하다가도 아름다운 공원에서는 차를 멈추고 사진을 남겼다.

그러고 보니 온통 초록색이었다. 초록색을 하도 봐서 시간이 안 가는 것처럼 느낀 거다. 이 여행에 얻은 가장 큰 수확이다. 다시 초록색이 좋다. 잊고 있었지만 맞다. 너랑 보면 더 좋고 더 자주 보고 싶은 건 초록이었다. 영원히 영원히 영원히 초록도록.

VIII

세상은 얼마나 오래됐을까?
세상은 얼마나 얼만할까?
세상은 날 알까?
세상은 자기가 세상인지 알까?
세상은 어디까진가?
세상은 누군가?
나는 세상인가?

너는 세상일까?
물어볼 수 있기나 할까?
내가 알고는 있을까, 세상을
내가 모르고 있다는 사실을 아는 게 더 빠르겠다
차라리 내가 눈을 감으면 거기가 세상
자는 동안 꿈을 꾸면 그건 더 큰 세상
너의 눈, 우리의 일용할 양식이 올려진 식탁보,
따뜻한 이불, 가끔 하는 수영
그것만큼이 세상이라고 믿어야겠다
딱 내가 아는 그만큼만.

마지막

  갈매기 한 마리가 같은 굴뚝으로 자꾸만 돌아왔다. 나는 한 시간을 테라스에 있었는데 그동안 갈매기는 얼추 네다섯 번을 그랬다. 혼자 있다 날고 친구를 데려와 둘이 앉아 있다 날고 또 혼자 한동안은 자기 소릴 내며 시끄럽게 하더니 다시 날았다.

  오고 감이 어릴 적 할머니 집 괘종시계 같아서 한참을 바라보았다. 해는 좀처럼 일찍 지는 법이 없었는데 오늘은 날이 흐려 일찍 졌다.

갈매기는 다시 돌아오지 않았다. 곧 한기를 느껴 방으로 왔다. 괘종시계 같은 이곳이 참 좋았다.

진짜 마지막

 오래된 연인들의 싸움이라는 건 잠수에 익숙해져야 하는 거야. 혼탁한 물에 눈앞이 뿌옇고 심장이 감금된 것같이 숨이 가빠도 우린 감사히 헤엄칠 줄 알아야 해. 견디고 견뎌 한숨 정도 남기고 물 위로 올라오면 세상의 초록색을 반갑게 맞이할 줄도 알아야 해. 전보다 훨씬 초록하게 있는 그 존재에 감사하며.

 우리는 아팠던 잠수의 기억을 잊어야 해. 시간이 지나 다시 가라앉더라도 너무 걱정하지 마! 아무도 모르는 새 우리 어깨엔 수많은 호흡 통이 매달려 있을 테니까. 우린 물속에서 안 보였던 적도 숨 가빴던 적도 다 잊을 만큼 훈련했고, 결국 여기서 제일 자연스러운 물고기가 되었으니까

열등의세상에사는사람은

 질투를 밥보다 많이 먹고 자란다. 밥알 씹는 순간에도 나보다 잘난 누군갈 반찬 삼아 같이 씹었다. 마음에 못된 게 잔뜩 낀 나는 뒤룩뒤룩한 괴물이었다.
 우연히 너의 손을 잡은 날 잠시나마 아무 질투를 하지 않았다. 미워하지 않고도 하루가 흘러갈 수 있다는 걸 알았다. 아무도 씹지 않고 밥을 먹었다. 이상하지, 손이 뜨거운 것도 아니었는데 왜 내 얼굴이 빨개졌을까.

 너를 만나고 나는 창피할 줄 알게 됐다. 이유 없이 남을 미워하는 건 잘못된 거라고, 남의 행복에 굳이 내 잠을 설치는 건 이상한 거라고 배웠다.
 여름엔 밤이 짧고 겨울엔 밤이 긴, 네 번 다른 한국의 사계절과 별개로 결코 똑같은 너를 보며 편안함을 느낀다.
 이제 안다. 열등감으론 아무것도 이기지 못하며 너, 읊는 꽃 이름만이 그 무엇도 이긴다는 걸

어느 계절

 너는 울음이 많아 모든 싸움이 다 내 잘못 같았다. 네가 울면 복숭아나무서 꽃가지 꺾은 것처럼 훼손했다는 생각이 들어 늘 도망갔다. 긴 생각 뒤로 은폐했다.

 무서워, 무서워서 이러는지도 모른다. 대포 전차 없이 너의 울음으로도 내 성이 무너졌다.

 반나절 걷는 동안 네게 얼른 돌아가라고 나비가 자주 날아왔다. 그래, 이토록 싸우다가도 언젠가 통일하겠지. 누군가 우리를 돌봐달라고 기도했다.

식탁보

 홀연히 사라진 엄마 어쩔 수 없고 이미 돌아간 할머니 어쩔 수 없다. 잃어버린 여자들은 작은 여자를 찾아주려고 사라졌나.

 요즘 말과 표정이 너에게 모두 틀려서 오늘은 맛있는 음식을 차려 답을 찾아야 한다. 내 모든 잘못과 용서를 넣고 많은 시간을 들여 국을 끓였다.
 식탁보의 모든 모서리가 채워지면 마침 발소리가 들린다. 너는 운동화를 즐겨 신어 아무래도 더 귀 기울여야 한다.

 기다린다. 네가 맛있게 먹어주기를. 잘못으로 지은 밥을, 식탁보 위 내 잘못을, 다 먹어줄 때까지
 나는 너를 절대 잃어버리지 않는다.

검은검정

 이 노래를 만들 때 둘은 유난히 다퉜다. 조금 보태 나의 전쟁이라는 제목을 생각하게 된 것도 이때다. 끝도 없이 서로를 베고 찌르고 죽이려 들었다. 둘은 분명 가운데에 없었다. 너무 좋거나 너무 나쁘거나 개 중 하나였다.
 반복되는 조와 울은 둘을 고되게 했고 싸움도 갈수록 진창이어서, 끝내 고립됐다고 생각했다.

 그날도 둘은 밖이 컴컴할 때까지 싸우고 있었다. 그믐처럼 내려온 다크써클도 애써 못 본 척, 하나가 먼저 포기하기 전까진 전선을 무를 마음이 없었다. 감정이 쌓이고 쌓여 둘 사이에 담이 되었다. 단단해진 담에다 차례로 날카로운 것을 날렸다.
 원래 하나였던 사실을 잊은 동독과 서독 같았다. 긋고 베고 찌르고 발로 차도 담장엔 아무 일도 일어나지 않았다. 두 손이 절로 얼굴로 와서 눈을 감쌌다. 할 수 있는 것은 그런 것뿐이었다. 눈이 가려지자 질식할 것 같았다.
 그때 알았다. 둘은 숨을 안 쉬는구나. 숨이 끼어들기

에 비좁았을까, 나와야 할 것들이 갇혀서 못 나오고 있었다.

  분위기를 바꾸고 싶었다. 하나가 조금 억지스러운 숨을 크게 뱉었다. 다른 하나가 그보다는 짧은 숨으로 따라했다. 번갈아 뱉다가 이제는 차분히 서로 바라보았다. 곧 하나가 질문 하고 하나가 답했다. 이전에 없던 감정들이 오고 갔다.

  어느덧 둘은 의연하고 용감하고 숙연했다. 차츰 담장이 무너졌다. 통일이었다. 공기 반, 소리 반 듣기 좋았다. 평화로운 것들이 바깥으로 잘 흘러나왔다. 좋은 싸움으로 시작해 잘 마쳤다는 생각까지 들었다.

  누가 먼저 미안하다고 했는지, 종전 협상이 뭐였는지는 잘 기억나지 않는다. 다만 더는 다크써클을 모르는 체하지 않기로 약속한 건 기억난다.

  이불을 펴주고 너를 먼저 재웠다. 나는 거실에 나와 창문을 열었다. 찬바람이 이때다 싶어 불쑥 들어왔고 검은 검정 하늘엔 하얀 네가 군데군데 박혀 있었다. 생각해 보니 아까 먼저 미안하다고 한 건 너였다.

  늘 늦네.

삼십분 들여 노래를 만들고 잠든 네 옆으로 가 누웠을 때 우린 가운데에 있었다.

집가서배먹자

그래 철 지나기 전에 얼른 먹자

너는 철 같은 걸 다 알아?

그럼, 꽃도 그렇지. 목련 개나리 벚꽃 겹벚꽃

그걸 외웠어?

재밌었어 관찰하는 게
아, 목련 피었네. 그다음 개나리
벚꽃 철쭉 배롱나무
그러다 더워지면 능소화
걔네 보면서 커피 마시고
지나가는 사람들 보고 막 웃고 그럼
행복하잖아.

태어나기는 했지만

얼굴

설에 번민했다
떡국을 먹다가 체했다

밖에 나와 걸었다
눈길 위로 아는 얼굴이 보였다
주로 미워했던 사람들이다
밟았다
지그시 눌러 발자국에 남겼다
처음엔 장난을 치는 거였다
자그마한 복수였다

뽀드득 뽀드득 얼굴 다 밟고 나니
한살 더 먹은 것이 생각났다

돌아가서 다 도로 덮었다
누가 볼까 무서웠다

8도

 새벽에 깼을 때 비가 창을 세차게 때리고 있었다. 창에 금이 가지 않을까 걱정할 정도였다. 불안한 마음이 요동을 치는 통에 이불에서 나왔다.
 짐을 챙겨 숙소를 나왔을 때 날씨 앱은 16도를 가리켰다. 어제 같은 시각 24도였던 것이 생각났다. 계절이 하루아침에 바뀐 걸까. 마치 꿈을 꾸는 것 같았다. 사람들 얼굴에서도 8도만큼 사라진 듯 아무도 웃지 않는다. 사람의 마음처럼 변덕스러운 날씨 탓에 가슴속이 다 서늘했다. 괜히 단추를 하나 더 잠갔다.

 중앙역에 도착할 때쯤 비가 그쳤다. 열차표를 확인하려고 연 메일함에 새 메일이 한 통 와 있었다. 전 역에 홍수가 나서 기차가 지연이란다. 일찍 도착해 선물도 사고 커피도 마시면서 시간을 여유 있게 쓰려던 심산은 굳이 무료함을 서두른 꼴이 되었다.
 의자가 편해 보이는 카페에 들어갔다. 다른 테이블이 몇 번이나 물갈이되는 동안에도 내 기차는 올 생각을 안 했다. 종업원이 친절해서 그런지 더 눈치가 보였다. 입에도 안 대던 커피를 세 잔이나 마셔 버렸다. 네 번째 커피 주문을 염려하는 동안에 어깨가 찰흙처럼 뭉치고 있었다.

 기차는 세 시간을 기다리게 해놓고도 힘 있게 들어왔다. 어슬렁거리기라도 했다면 덜 분했을까 생각하며 주위를 둘러보았다. 무슨 일인지 얼굴을 구긴 건 나뿐이었다. 그 누구도 불평하지 않고 심지어 웃는 얼굴로 기차에 올랐다. 그들의 표정대로라면 반나절은 더 거뜬히 기다릴 것 같았다. 나 혼자만 쓸데없이 혈압을 올리고 있는 꼴이었다. 불운쯤은 즐기고 마는 사람들을 보자 십 분을 늦었다고 싫은 소릴 했던 영철에게 미안한 마음이 들었다. 나는 고달프게도 살았구나.
 그제야 미처 한국에 두고 오지 못한 스스로를 마주했다. 절로 고개가 저어지더니 기차 안으로 섬광처럼 몸이 밀쳐졌다. 나를 그대로 플랫폼에 남겼다.

 의자가 깊어 몸을 편하게 누였다. 방금까지 서 있던 육 번 플랫폼에서 여전히 나를 향해 비웃고 있는 내가 보였다.
 어디 나 없이 잘 사나 보자.
 그가 무서운 입 모양으로 중얼거렸다.

갈증을 느낄 때 마침 승무원이 오렌지주스를 건넸다. 한 모금에 뭉쳤던 어깨가 풀리는 것이 눈에 보이는 듯했다. 찬 것을 마셨는데도 몸이 데워졌다. 세 잔이나 마신 커피가 무색하게 곧 졸음이 찾아왔다. 기차가 출발하자 하늘이 갰다. 사방에 널린 것이 행운이었다.
　곱씹었다. 나는 나 없이도 잘 살 수 있다고.

서울

　서울에 있는 동안엔 늘 배가 아프다. 오늘도 약속 장소에 가기 전 약국에 들러 진정제를 산다. 손바닥에 올려진 작은 두 알을 보고, 요즘 이것만큼 믿고 맡길 수 있는 것이 있었나 생각하니 씁쓸했다. 그 기분과 알약을 함께 삼키고 지금 서울 사람인 척 흉내를 내면서 걷는다.

　사람이 많은 번화가를 걷게 되었을 때, 평소 싫어하는 향수 냄새가 코를 찔렀다. 가끔은 담배 냄새보다 진한 향수 냄새가 머리를 더 아프게 할 때가 있다. 냄새에 온 신경이 팔려 방금 들어온 길이 어디인지 잃어버렸다. 때마침 한 무리 몽유병자들이 담배 연길 뿜고 느긋하게 지나간다.
　아무 냄새도 나지 않는 곳을 찾아 걸음을 서둘렀다.

　어디든 앉고 싶었다. 그러나 서울에서는 돈을 쓰지 않으면 앉을 곳이 없지 않은가. 번화가일수록 더 그렇고 그래서 불편하다. 불현듯 어디에나 앉을 곳이 있던 촌동네가 떠올랐다. 어쩐지 그곳이 멀리 사라져 버린 것 같았다.

 오래돼 보이는 빌딩 주차장에 멈춰 아무 데나 엉덩이를 댔다. 애써 장을 진정시켜 놨더니 이젠 머리에서 고동이 울리는 듯했다. 어지럽고 속이 메스꺼워 더는 걸을 수 없었다.
 관자놀이를 세게 주무르자 가느다란 기억 하나가 났다.

 처음 서울에 왔을 때 얼마나 어깨가 움츠렸는지 떠올리면 웃음이 난다.
 중학교 이 학년 겨울방학에 친구 둘과 서울 구경을 왔었다. 이천 일 년 동대문에는 정말 사람이 많았다. 옆을 봐도 뒤를 봐도 앞을 봐도, 다들 큰일이라도 난 듯이 성큼성큼 걷는 사람뿐이었다.
 더욱이 오싹했던 건 동대문역 출구에서 마구 쏟아져 나오는 사람들을 볼 때였다. 군민체육대회를 열 번 하면 이만큼이려나.

 재수도 없이 그 사람들과 마주 걷게 되었을 때는 달려드는 경주마를 기다리는 결승선이 된 것 같았다. 마침

내 경주마들이 출발하자 모든 게 순식간에 지나갔다.

기억하기로, 나는 좁은 틈을 지나려고 어깨를 바짝 움츠렸다. 그런데도 사람들이 몸을 부딪는 바람에, 걷기는커녕 거의 붕 뜬 채 휘청이다 결국 길 가장자리로 팽개쳐졌다.

나는 거기서 입을 벌리고 촛불처럼 가만히 있었다. 파도를 온몸으로 받아내고 난 기분이었다. 시간이 얼마나 지났는지도 몰랐다. 마지막 사람마저 흩어지고 난 뒤에도 어깨가 좀처럼 펴지지 않았다.

사람들은 아무 표정도 나를 본체만체 하고 저들 길을 갔다. 처음 느낀 당혹스러움에 몸이 부르르 떨려 내가 좀 추운 줄 알았다. 집 나간 혼이 제자리로 오기까지 한참이 걸렸다. 때문에, 목적지에도 한참이 걸려 도착했다.

단지 걷는 것 하나에도 기운이 다 빠지다니.

나는 서울에서는 절대 살고 싶지 않았다!!!!

십오 년이 지나고 이태원에 집을 얻었다. 한강이 보이는 낡고 오래된 옥탑방이었다. 보증금 이백에, 월세는 삼십이었다. 집주인 아주머니는 내가 음악을 한다고 하니 원래 사십인 것을 깎아주는 거라 했다.

보일러가 자주 고장 났다. 처음엔 몇 번 고치러 와주시더니 나중엔 전화를 잘 받지 않으셨다. 설상가상 벽에서 외풍이 들어 잘 때 추웠다. 전기난로 하나를 들여놓고 나서야 겨울 막바지에는 깨지 않고 오롯이 잤다.

다음 겨울이 돌아왔을 때 아주머니께 곧 집을 빼겠다는 문자를 드렸다. 아주머니는 몇 차례 붙잡다가 마지막에야 영신 씨가 이곳에 계시는 동안 마음이 편했다, 잘 돼서 가시는 거로 알겠다, 축하한다. 라고 문자를 보내왔다.

아주머니 말이 맞았다. 나는 잘돼서 집을 떠나는 거였다. 서울에서 얻은 첫 집은 너무나 추웠지만 한편으론 재수가 좋아 큰돈을 벌게 해주었다.

사람 하나 강아지 두 마리 누우면 꽉 차는 이불 위에서 나는 밤낮으로 노래를 만들었다. 대부분 하찮은 것들이었지만 개 중 하나가 유명해졌다. 보일러가 멀쩡했거나 외풍이 들지 않았다면 그 노래는 나를 지나쳤을지도 모른다.

언젠가 그 이불 위에서 낮잠을 자다 알람 소리에 깬 적이 있다. 처음 보는 숫자로 입금된 저작권료로 모든 빚을 갚았다. 그러고도 한참이나 남은 잔액을 보고는 다시 잠을 청하려니 눈물이 나서 도저히 잠에 들 수 없었다.

징-
 '영신아, 차가 좀 막히네. 미안해 먼저 들어가 있어.'
 엉덩이를 털고 연희동 어딘가를 향해 다시 걸었다.

추운사람

  났을 때 여름이어서 그런지 더위를 잘 타지 않는다. 나름 여름을 날 줄은 알지만 겨울은 다르다. 그것은 겪어도 겪어도 춥다.

  늘 가을부터 춥고 봄까지 추웠다. 아빠가 사준 무스탕을 입고 청주행 버스를 기다리던 날은 가을이었다. 히터가 나오는 버스에서 사람들은 모두 겉옷을 벗고 있었는데 나는 몸이 떨려 무스탕을 벗지 않았다.
  입대하던 날 춘천은 완연한 봄이었다. 오와 열이 맞춰진 줄에서 혼자만 벌벌 떨다가 교관 눈에 띄어 혼이 난 적이 더러 있다.

  직업군인을 하면서 제일 힘들었던 건 귀도리를 못 하게 하는 거였다. 간부가 귀도리를 하고 있으면 병들에게 품위가 떨어져 보인다나. 십이월과 일월, 강원도 최전방에서 생 귀를 바깥에 내놓고 있는 건 그냥 떨어져 나가라고 놔두는 거나 마찬가지다. 그런데도 선배들과 장교들은 어째서 멀쩡히 버티는지. 나는 매해 겨울 탈영하고 싶었다. 그런 내가 거기서 오 년을 버틴 건 아직도 불가사의다.

유월에 태어났다. 여름이 가깝고 겨울이 제일 멀다. 갈증 나는 건 참을 줄 알고, 손 시린 건 참을 줄 모른다. 겨울에 데이트했던 여자들은 여태 모른다. 내가 항상 내복을 입고 있었다는 것을. 종종 사라져 '팔 벌려 높이 뛰기'를 하고 왔다는 사실을.

이토록 추위에 휘둘리는 데는 기관지가 약한 것도 한몫한다. 날씨가 갑자기 추워지면 편도가 부어 일 년에 한두 번은 꼭 병에 걸린다. 편도염은 언제쯤 나을 거란 보장도 없어 난 항상 불안한 채 겨울을 난다.
그걸 알고 할머니는 늘 방을 데웠다. 내 주변으로 차가운 것이 오지 못하게 눈을 부릅뜨고 지켰다. 겨울이 돼서야 아니 몇 번씩 목이 붓는 병에 걸리고 나서야 그 사랑을 느낀다.

나를 지키던 기사가 사라진 후 추위는 별안간 나타난다. 이제 나는 여름에도 오한이 든다. 오뉴월엔 개도 감기에 안 걸린다는 말이 나와는 무관한 것이 되었다. 당연히 겨울은 아플 계절이고 기침 없이 그 계절을 나는 보람일랑 내겐 없다.

성탄절이 아름답고 새해 첫날과 대명절 설이 여전히 축제의 날인 것이 변함없듯, 사방에 널린 찬 공기 또한 그대로지 않나. 가슴을 희망으로 채우는 대가로 그만큼 찬 공기를 마셔야 한다.

지금도 한기는 문 뒤에서 은밀히 기다리고 있다. 옥상에도 있고 심지어 텔레비전과 휴대 전화 속에도 있다. 내가 조심하지 않으면 언제든 어디서든 들어올 테고, 그럼 나는 아플 테니까, 아프기 싫어서 계속 따뜻해지고 싶은지도 모르겠다. 따뜻한 사람이 되고 싶다.

매일밤꿈이우릴찾아온다

 시간이 남아 미술관에 갔다. 처음 보는 화가의 작품을 전시하고 있었다.
 알프레드 쿠빈.

 체코에서 태어난 그는 천 구백년대 초반에 약 오 년 동안만 그림을 그렸다. 그의 그림에는 기쁨과 행복이 없었다. 온통 기괴하고 외로운 것뿐이다. 이는 불우했던 어린 시절의 영향이라고 한다. 그는 아직 어렸던 시절에 어머니를 잃었고, 이후 아버지와 재혼한 새어머니에게서 심한 학대를 받으며 고되게 자랐다. 성인이 되어서도 어린 시절 아픔과 작별하지 못한 그는 화가가 되었다. 보통 사람이라면 서둘러 씻어냈을 얼룩진 상처들을 그는 꼬박꼬박 모아 캔버스에 담았다.
 해설에서는 그가 단지 슬픔과 분노를 분출하기 위해 그림을 그렸다지만, 내가 느끼기에 그는 애정 받고 싶어 그렸다.

 그 안에 담긴 고통은 액자 바깥으로 끝없이 팽창해 내게 닿았다.

'매일 밤 꿈이 우릴 찾아온다'라는 제목의 그림 앞에 섰다. 실오라기 하나 없이 고스란히 고통이 드러난 그림은, 내 걸음을 붙잡고 연신 '처절히 매달려 보았는가?'라는 질문을 던졌다. 답하지 못했다. 화가는 나를 비웃듯 자신의 화폭에 매달려 있었다.

요즘 읽고 있는 소설책의 작가는 글을 쓸 때만큼은 외롭지 않을 수 있었다고 말했다. 여기 이 화가는 분명 그림을 그리는 동안만 살아 있던 것 같다.

그래서 그는 결국 애정을 받았을까?
알 길이 없다만, 붓을 내려놓고 나서는 안 아프게 살았기를 그저 바랐다.

전시를 다 보고 나왔을 때 저녁이었다. 저무는 해를 보다가, 죽음이란 굴뚝에서 빠져나가는 초라한 연기 같다는 생각이 문득 들었다.

20180524

 소식을 듣고 아빠는 울었다. 전화기 너머에서 아빠는 참지 못하고 기어이 터뜨렸다. 나에게 어디로 가느냐고 물었다. 나는 일본으로 간다고 했다. 진천으로 내려오면 안 되겠느냐는 물음에 아무 대답도 하지 않았다. 질문과 대답 사이 침묵이 크다고 느꼈다.
 '아빠가 추스르기 힘들 거야, 나는 내가 죽을 거로 생각해. 그래서 혼자 있을 곳으로 가야 해.'
 속으로 생각했다. 일본이 완벽했다.

 아빠는 내가 노래하는 사람으로 유명해진 것을 무척이나 좋아했다. 거의 항상 내 노래를 들었다. 전화를 걸면 내 노래로 된 통화연결음이 먼저 들렸다.
 같이 일하는 사람이 너를 안다고, 그래서 신기하고 뿌듯했다는 말을 인사하듯 했다.
 어두웠던 아빠의 세상에도 조금씩 밝은 빛이 들어서고 있었다.

 오늘 저녁에 아빠는 자신을 감싸던 빛을 잃었다. 그의 자랑이었던 아들도 함께 잃었다. 그 대신 지저분하고 흉한 아들을 얻었다. 아침과 저녁, 품위 있는 출퇴근을 하던 그는 이제 잰걸음을 걷고, 인사는 생략했으며 되도록 눈에 띄지 않게 일터에 드나들었다. 내가 아빠를 다시 어두운 곳으로 밀어 버렸다.

  그런 아빠는 내내 안부를 물었다. 줄곧 내 끼니와 잠자리 걱정만 했다. 나는 내가 죽을 일본의 어느 호텔만을 생각했다.

  곧 자살할 자식을 둔 부모의 마음은 어떨까. 생각에 잠긴 사이 아빠에게 문자가 왔다. 여행 잘하고 돌아와.

  아빠는 결코 빛에 닿을 수 없다는 걸 이미 알았던 것 같다. 공항 의자에 앉아 결국 나도 울었다.

20180525

　수면제 세 알을 먹고도 고작 두 시간을 잤다. 눈을 뜨니 저녁 일곱 시였다. 예정대로라면 지금 나는 이 세상에 없어야 했다.

　몸을 일으켜 거울을 한번 본 뒤 서둘러 옥상으로 올라갔다. 서울에서 예약할 때 본 대로 이 호텔엔 옥상이 개방돼 있었다.
　이십삼층. 너무 높지도 너무 낮지도 않았다.

　기리시마의 집들은 모두 예뻤다. 자전거 타는 사람들, 걷는 사람들, 자동차 여러 대가 날이 더 어둡기 전에 그 예쁜 집들에 도착하려는 듯했다. 그들 위로 내가 이렇게 높으니 약간의 우월감이 들었다.

　우월한 사람은 아니어도 그럴싸한 사람이 되고 싶었다. 사람들이 흉보지 않는 좋은 모양의 사람 말이다. 이렇든 저렇든 뉴스에 나오고 싶진 않았다.

　할머니는 내가 이렇게 자라라고 매일 새벽 연탄을 갈

아 방을 데운 것이 아니었다. 아빠는 범죄자의 아버지나 되려고 배에서 내린 것이 아니었다. 엄마와 누나와 동영은 이렇게 살라고 나를 구조한 것이 아니었다. 나현은 나를 옥상에 올리려 손을 잡아준 것이 아니다.
 이런 병신이 되라고 다들 그런 것이 아니란 말이다.

 난간에 섰다. 나는 날까. 떨어질까. 한국에서는 나더러 잘 떨어졌다고 할까.

 빗방울이 얼굴을 때렸다. 누군가가 뺨을 때린 것처럼 정신이 번쩍 들었다. 화산 뒤로 넘어가는 미치도록 아름다운 태양이 눈에 들어왔다.

 태어나기는 했지만 때때로 죽고 싶었다. 잘 사는 건 어떻게 사는 거고, 이대로 살아도 되는 건지 전혀 알지 못했다. 삶에서 최고의 순간은 스스로 목숨을 끊는 선택을 하는 순간이라고 믿었다.
 그런 날이 오면 모르는 체하지 않겠다고, 다시 없을 기회이니 절대 놓치지 않겠다고 다짐했다. 마침내 그 순간이 온 것도 같았는데.
 배가 고팠다. 밥부터 먹을까.

고등어구이는 맛있었다.

오늘은 용기가 조금 모자라 뛰지 못했다. 아니, 무언가 내 뒤를 끌어안은 것만 같은 착각을 자꾸 했다.

4시 28분

　화분에 물을 주었다. 지난밤 가사 한 줄도 적지 못해 스스로 한심했다. 단 한 곡도 만들지 못하고 이대로 겨울이 끝나버릴까 초조하다.

　길 잃은 마음의 지름길이라도 찾을 수 있을까 산책하러 나간다. 제설차의 운전수가 피곤했는지 바닥이 드러난 도로는 구불구불하다.

　세상은 정적에 쌓여있다. 건물 짓는 소리도 없고, 발 끌리는 소리, 신경질적인 목소리도, 자동차 경적도 없다. 지금은 모두 잘 시간이니까.
　대체 난 뭘 하고 사는 걸까.

　푹 가라앉은 어둠만큼이나 어깨가 무겁다고 느끼자, 익숙한 외로움이 찾아왔다. 아까 거울에서 본 것은 사람의 표정이었나. 모든 것이 갸우뚱해진다.

　네거리까지 걸어갔다. 차가 한대도 없는 도로의 신호등은 의미없이 빨간 듯했다. 초록불이었대도 건널 마음이 없다는 걸 알았다. 이내 발걸음을 돌린 순간, 기다렸다는 듯 등 뒤로 띵동 소리가 났다. 늘 그즈음에야 세상에서 소리가 난다.
 왔던 길 그대로 다시 돌아갔다. 아까보다 거리가 밝아지고 불 켜진 집들이 듬성듬성 나타났다.

 노래를 경멸하는 동시에 사랑한다. 기계처럼 노래를 만들던 때를 그리워하는 내게 존경과 혐오가 느껴진다.

 집에 도착했을 때는 거의 아침이 되었다. 엘리베이터를 타지 않고 계단으로 올라갔다. 현관문 비밀번호를 누르다 말고, 한참 서 있다가 다시 계단을 내려갔다. 택시를 불렀다. 임진각에 가야겠다고 생각했다. 십 분이 채 안 돼 도착한 기사님은 다정한 목소리로 내게 잘 잤느냐 묻는다.
 아니요, 아직 자고 있어요. 라고 굳이 차갑게 말하곤 고개를 숙인다. 차 안의 공기는 어색해서 미칠 지경이다. 택시는 이산포를 거쳐 자유로에 들어선다. 서울이 목적지인 차들은 점점 늘고 파주로 가는 차는 아직 우리뿐이다.

아랫집 아이들이 뛰어다니는 소리에 잠에서 깼다.

욕실로 가 거울 앞에 섰다. 무엇을 보는지 모르는 멍청한 눈이 보인다. 바짝 다가섰다. 주름이 하나 늘어난 눈가에 시선이 머문다. 어디서 왔을까.

룸미러에 비친 택시 기사의 얼굴에도 비슷한 것이 있었지. 그의 것은 어디서 왔을까. 그의 주름은 어떤 기억을 가지고 있을까. 그래, 주름엔 반드시 기억이 남지.

이번엔 목에 새겨진 문신이 보였다. 이것은 내가 아프게 한 누군가의 주름이 아닐는지. 생각했다.

물II

이 년이 지났다. 오 미터 플랫폼 다이빙도 식은 죽 먹기가 되었다. 열정이 줄자 센터에 가는 횟수도 줄었다. 가끔 가더라도 거의 떠 있을 뿐이다.

오지랖 부리며 화내고 신경 쓰고 싶은 것들이 이젠 없다. 친구의 연애나 공무원이 나오는 뉴스 같은 것들은 남의 일로 넘긴다. 날씨 외에는 눈 여기는 것이 없어 빌라를 나서면 제일 먼저 하늘을 본다.
가끔 잘 때 심장 소리가 시계를 대신하기도 하지만 그럴 때 이어플러그를 귀에 꽂는다. 이거 정말 위대한 발명품이다. 모든 사람이 귀에 끼고 잔다면 세상이 더 평화로워질 거라고 자부한다.
얼굴 좋아졌다는 말을 자주 듣는다. 거울을 보면 진짜 그런 것 같기도 하다.

아직도 숨이 너무 잘 쉬어지거나 다시 주변이 또렷해지려 들면, 나는 세면대에 물을 받고 얼굴을 박는다. 안에 근심과 걱정을 풀어놓고 딱 죽을 것 같을 때까지 있다가 올라와서 생각한다.

어쩌면 숨이 너무 잘 쉬어지는 것, 이것이 내가 받은 벌일 수도 있겠다고.

그리고

 내 자리에서는 교문이 보였다. 마지막 교시에는 교문을 확인하는 버릇이 생겼다. 형들은 어김없이 몰려있었다. 성이 잔뜩 난 표정이 멀리서도 보였다. 이럴 땐 시력이 좋은 것이 안타깝다.
 태수 또 사고 쳤어?
 도연에게 문자를 보냈다. 종이 칠 때까지 답장은 오지 않았다.
 담임의 종례는 귀에 들어오지 않았다. 늘 그의 잔소리가 서둘러 끝나기만을 바랐었다. 오늘은 따로 불러 상담이든 뭐든 하다못해 혼이라도 냈으면 좋겠다고 생각하는 사이, 끝나버렸다.

 가방을 메지 않았는데도 걸음이 무거웠다. 교문까지 가는 길이 평소보다 짧게 느껴졌다. 창문 너머로 봤던 표정들이 떠올라 무서웠다.

 정신을 차렸을 때 바닥에 구르고 있었다. 명치를 맞은 것 같았다. 숨이 잘 쉬어지지 않아 놀랐다. 그 핑계를 대고 조금 더 누워 있었다. 그러자 발 여러 개가 내 몸을 밟기 시작했다. 맷집이 늘었는지 하나도 아프지 않았다. 서서 괴로워하는 도연을 보고 누워 있기로 선택한 내게 뿌듯했다.

팽팽했던 몸이 느슨히 긴장을 풀면서 어느새 편안해졌다. 등짝과 팔뚝으로 새겨지는 발자국을 헤아렸다. 이건 누구 거고, 이건 누구 거구나. 몰입하니 금방 알 수 있었다. 자랑거리가 하나 생긴 것 같았다.

한때는 형들이 무엇을 하는 건지 이해하고 싶었다. 밤낮을 고민해도 골치만 아플 뿐 어떤 답도 얻지 못했다. 나중에 이해하기를 그만두었더니, 마음에 엉킨 문제들이 스스로 풀렸다. 더 이상 그들이 밉지가 않았다. 그들도 우리를 때리는 일이 쉽지는 않을 거라고 생각하게 됐다. 나도 그들도 각자 어려운 일을 하고 있을 뿐이라고.

교복을 갈아입고 노래방에 갔다. 정훈이가 먼저 마이크를 잡고 '사랑 TWO'를 불렀다. 오늘따라 음정이 맞아 후렴이 듣기 좋았다. 다들 한 곡씩 예약했다. 도연이가 유난히 많이 울었다. 우선예약을 하게 해주었다. 차례로 돌아가며 그을음 난 마음을 달랬다. 우리는 고음을 핑계로 소리를 지르고 시끄러운 반주 위로 주인도 없는 욕을 했다. 방음 잘된 노래방 문이 아무것도 바깥으로 내보내지 않을 거라고 믿었다. 담이 작은 소년들에게 이보다 적절한 곳은 없었다.

예약한 노래가 시작하는데도 도연이는 구석에서 울기만 했다. 유난히 잘생겼던 얼굴을 지금도 선명히 기억한다.

도연이와 집 가는 방향이 같아 늘 할 얘기가 많았다. 그날은 자기 신발에 눈길을 둔 채 말없이 걸었다. 마치 자신이 풀어야 할 문제를 골똘히 생각하는 것 같았다. 도와줄 수 없을 것 같아 아무 말을 건네지 않았다. 도연의 집에 다 다라서야, 이따 버디 들어와. 라고 한 것이 전부였다. 자정이 되도록 기다렸지만 도연이는 버디에 들어오지 않았다. 도연이는 지금 답을 구하느라 늦는 거라고 생각했다.

'도연아, 우리가 일 년만 더 참자'라고 쪽지를 보내고 알았다. 우리에게 일 년은 목성만큼이나 멀었다.

풍선

글이 쓰일 종이를 찾으러 서울 강동구 어딘가에 있는 종이 판매소에 왔다. 종이가 나무로 만들어진다는 것 말고는 아는 것이 하나도 없었다. 여태 읽으며 좋았던 책의 질감과 색감만 익히고, 나머진 직원에게 묻기로 했다.

머릿속에 있는 생각을 설명하는 것은 늘 힘든 일이다. 이상한 질문 몇 개를 연달아 날린 바람에 바쁜 직원을 헤매게 했다. 다시 느끼지만 무언가를 좋아하기 시작하면 일단은 바보가 되는 것 같다. 다이빙이 그랬고, 오토바이가, 작곡이 그랬다. 아 사람도.

혼란스럽다. 마음만 저만치 앞설 때, 물밀듯 쏟아지는 정보들은 머릿속을 어지럽힐 뿐 대부분 도움이 안 된다. 죽기 전까지 나와 아무 상관 없을 것 같던 용어, 규칙, 방식 같은 것들이 두통이란 옷을 입고 온다. 남들은 취미에서 그치는 것도 내겐 골치 아픈 '일이' 된다. 시작하면 끝을 보려는 성향 탓일까.

결국 거기에 있는 모든 종이에 손을 대고 만다. 언젠가 설레는 마음으로 모퉁이를 집었던 여느 책들의 그 '다음 장'이 있을까 하고. 하지만 모두 똑같은 종이일 뿐 내가 잡고자 한 건 뜬구름이었나 싶다. 붕 뜬 마음으로 여기 와서는 안 되는 거였다. 이러지도 저러지도 못하고 멍하니 서 있는 자신에게 골이 났다.

고민을 오래 지닌다고 더 나아질 게 없다는 걸 알지만, 알면서도 늘 같은 실수를 한다. 결국 아무것도 못 고르는 지경에 와버린다. 그래도 무언가 느껴질 때까지 종이를 더 만져보기로 한다. 역시 나는 미련한가 보다. 서너 시간을 종이와 씨름했을까. 손에 표지로 쓰일 다섯 종류와 내지로 쓰일 세 종류가 들렸다.

고작 종이를 고르는 일에 이렇게 많은 시간을 들일지 몰랐다. 이 중 어떤 녀석과 내 이야기가 만나게 될지 생각하니 설렜다.
미련하게 몇 시간을 보내고서야 번뜩 알았다. 풍선처럼 부푼 기분이 오랜만에 찾아왔음을.

그럭저럭

 여태 너무 많은 사람을 알아 왔다. 나를 좋아해 주는 사람이 있었고 미칠 듯 싫어하는 사람도 있었다. 전자든 후자든 늘 기운을 빼앗겼다.

 농담을 주고받을 친구 단 셋을 남겼다. 개 중엔 짓궂은 농담을 던질 수 있는 녀석도 하나 있다. 아침에 눈 뜨면 그들이 남았다는 이유로 가끔은 벅차기까지 하다.

 더는 동정을 주우려 바깥을 쏘다니지 않는다. 아픈 건 집에서 혼자 감당한다. 베갯잇에 즐비한 머리카락을 집을 때도, 습도가 높은 날 축축한 이불을 말릴 때도 오롯이 혼자 운다.

 이제는 이미 아는 사람만을 알고 이웃에게 더 친절해지고 싶다. 어쩌다 초콜릿이 생기면 밑에 집 주은이를 떠올린다.

 서른일곱. 대체로 잘 살았고 좋아하는 일을 했다. 후회되는 것이 있냐고. 딱 하나, 할머니가 요양원에 들어가기 전 마지막으로 인사하는 날 나를 더 오래 안게 놔두지 않은 거.

　할머닌 오래 살 거야.
　나도 모르게 그런 말을 했었다. 어쩐지 거짓말하는 기분이었다.

　가족들은 할머니를 뒷산에 묻었다. 할아버지 옆이었다. 혼자서는 처음 무덤에 갔을 때, 말을 어떻게 붙여야 하는지 몰랐다. 망자는 곁에서 조용히 내 음성을 기다리는 듯했다.
　그럭저럭 문제없이 살아요.
　평소엔 쓰지 않는 말을 했다.
　목구멍에 걸린 뜨거운 것을 꺼내고 싶지 않아 무덤 주위로 난 칡뿌리를 꼼꼼히도 뽑았다.

산책

거리가 한결 시끌벅적해졌을 땐,
어느 중학교 앞을 지나고 있었다.
교정은 조용하고 모든 건 교실에서 나왔다.
나도 아는 유행어, 날씨를 만끽하는 소녀들,
다시는 목을 안 쓸 것처럼 불리는 이름들,
때리고 맞았는지, 야! 악!!
와르르 웃기도, 조르고 쫓고 넘어지는 한 무리.
제 기분에 취한 노래 하지만 고음 불가,
소년의 변성기.
그때 울리는 종,
일제히 끌리는 의자.

나도 저기 있었을까.

끝은 시작

 노랫말을 짓는 건 작고 이쁜 것들만 모인 보석함에서 아무거나 하나 꺼내도 되는 일이었다. 잘 만든 것들은 한 자도 버림 없이 사람들 입에 남아 오래 살았다. 설명할 필요도 없이 스스로 사랑을 뽐냈다.
 이 책의 글을 짓던 모든 날, 다락방에 갇힌 기분이었다. 쓸만한 물건을 찾기 전까진 바깥에 못 나갈 것 같았다. 아무것도 건지지 못한 날은 절망감마저 들었다. 읽힐지도 모르겠고 읽힌다 해도 사람들 입에 하루는 살까 싶은, 그런 문장을 찾다가 하루가 다 가버리곤 했다.

 구 년을 노래했다. 일 년이 양지였고 팔 년은 음지였다. 그런데도 노래하는 것이 좋았다. 무엇도 마음속 불을 꺼트릴 수 없었다. 여전히 뜨겁기는 하나, 더는 활활 타지를 않는다. 사그라들기까지 하는 듯하다.

 그럼 인제 어쩌지, 하는 차에 가슴에 쿵 하고 무언가 떨어진 날을 기억한다. 소설을 읽고 있었다. 아무것도 먹지 않은 채 그대로 저녁이 되었고 마지막 장을 넘길 때까지도 배는 고프지 않았다.

충격은 새벽까지 남아 맥박이 되었다. 소설 속 문장들이 눈앞에서 생생하게 일렁였다. 슬프고 고통스러우면서 동시에 황홀했다. 꿈이 아니었다. 눈을 문지르니 다 진짜였다. 이게 어떻게 된 일일까, 가쁜 숨을 내쉬며 생각했다. 생각을 마친 다음 몸을 일으켜 서서 소망했다. 나도 누군갈 종일 붙들어 밥 굶기고, 잠 안 재울 만큼 아름다운 글을 쓰고 싶다고.

그 새벽에, 가스는 켜 놓았다. 글쓰기가 불꽃을 피울지는 솔직히 모르겠다. 단지 기다린다. 또 한 번의 방화를.

태어나기는 했지만

펴낸날 ǀ 2025년 4월 30일
펴낸곳 ǀ 956
펴낸이 ǀ 김영신
지은이 ǀ 김영신
도운이 ǀ 박나현, 옥수현, 염성열, 윤지혜, 김이슬
ISBN ǀ 979-11-992006-9-2 03800
ⓒ 김영신, 2025

잘못 만들어진 책은 사신 곳에서 교환해 드립니다.